時間資本主義の到来

フロンティア・マネジメント代表取締役
松岡真宏

The Rise of
Time Capitalism

あなたの時間価値は
どこまで高められるか?

草思社

いま、なぜ「時間資本主義」なのか？

21世紀に入ってすでに14年近くが経過した。21世紀最初の年である2001年に生まれた赤ん坊はすでに中学生となり、本書で詳述する「時間資本主義」という新しいパラダイムに組み込まれようとしている。

この間、企業も消費者も、行動パターンが目まぐるしく変貌した。

企業行動については、我が国においても合併や買収などが一般化した。年間の企業の合併・買収（M&A）件数は、1980年代は年間200〜300件程度であったものの、90年代半ば以降は年間1000件以上のレベルが続いており、年によっては2000件を超えることもある。

企業経営者は一様に企業買収の理由として、自力でいちから始めるよりも既存の企業を買収したほうが早いとし、「時間を買った」と説明する。なるほど、企業行動においても時間の価値は格段に大きくなっているようだ。

消費者も時間を惜しんで行動している。ひと昔前は、通勤電車に乗っても、新聞や雑誌を読む人がいたり、ぼーっと車窓を眺める人がいたりした。しかし、最近では、ほぼ全員がせわしなく親指や人差し指を動かし、メールをしたり、SNS（ソーシャルネットワーキングサービス）をしたり、ソーシャルゲームに興じたり、検索エンジンで調べ物をしたりしている。

病院の待合室、バスの停留所、ファミリーレストランの中など、通勤電車内で繰り広げられている光景は、その空間を変えようとも相似形の様相を呈している。常に消費者は外部情報と接することで時間をポジティブに消費しようとし、一見無価値に見えるぼーっとする時間は喪失の危機に陥っている。

本書は、こうした企業行動や消費者行動をネガティブに批判して、従来のあるべき企業行動規範や人間性を取り戻そうなどという20世紀懐古主義を展開することを目的としていない。人類は、元始の自然状態から、多くの道具や思想をてこに行動パターンを修正・変化させ、物質的にも精神的にも豊かになってきた。所与の条件の変化に対応することこそが、人類の進化の源ともいえる。この意味で、21世紀に入ってからの企業行動や消費者行動の変化は、人類の新たな進化の萌芽なのかもしれないのであり、ネガティブな批判は妥当ではないだろう。

しかし一方、なぜ、どのような理由で、現在の企業行動や消費者行動が変化しているのかを詳らかにするのは重要であり、加えてそれをベースに将来予測を行うことは人間として生来保有している欲求でもある。

イングランドの哲学者ホッブズは、その著書『市民論』や『リヴァイアサン』で、「万人の万人に対する闘争」というテーゼを提示した。ホッブズは「人間は、動物と異なる固有のものとして将来を予見する理性を保有」しており、未来の自己保存のために食糧など資源に対する無限の欲望が生まれ、互いに闘争状態になると説いた。要するに人間は、将来予測をしたがる理性を捨てられないのだ。

本書は「時間価値」というアングルで、現在生じている企業行動や消費者行動の変化を分析し、私たち人間の未来図を提示していこうという試みである。

小学校の算数や中学校の幾何の時間で、私たちは多くの図形問題を解いてきた。その際、初見では複雑な図形問題の本質が見えにくかったものの、ある1本の補助線を引くことで、すっと霧が晴れるように本質が見えてきた経験はないだろうか。本書で仕掛ける「時間価値」という補助線は、現在の企業行動や消費者行動の変化の本質をクリアに私たちの眼前に提示できるのではないかと考えている。

そもそも、いま、なぜ企業や消費者が「時間価値」という古くて新しい考え方に影響を受けて行動パターンを変えているのだろうか？

考えうるポイントは2点ある。

第1のポイントは、私たちを取り巻く環境変化である。具体的には、スマートフォン（スマホ）など携帯可能な情報通信端末の急速な発達とSNSをはじめとするソーシャルメディアや位置情報を利用したさまざまなサービスの開発によって、時間のロングテール（グラフに示すと恐竜のしっぽのように小さい値が長く続く）価値が高まっていることである。

スマホが登場する前は、通勤電車が来るまでの待ち時間である数分、仕事を中断してトイレに行く数分、お風呂で湯船につかる数分〜10分というこま切れの時間を使って生産的なことをすることは難しかった。また、ソーシャルメディアがなければ、こうしたこま切れ時間に他者とつながることは不可能だった。私たちが保有している1日24時間、あるいは生涯という長い時間の使い方を、プライオリティ順に並べたときに、これら数分〜10分というこま切れの時間は価値がほとんどなく、捨てられていた時間だった。

しかし、携帯可能な情報通信端末の発達によって、私たちは「PC画面の前」という固定化された空間から脱出した。そして、自由意思で移動して1日を過ごす過程で生じるこま切れの時間を、常に持ち歩いている情報通信端末を使って、有効活用し始めた。スマホなどを手軽に携帯してネットに接続できることで、私たちは「大脳」だけでなく「電脳を擬似的に体内に埋め込まれたように行動できる」地球上の唯一無二の種に転換したのだ。

新たな時間活用方法としては、自らのこま切れの時間を使って、検索エンジンなどでさまざまな情報を得るだけにとどまらない。自らと同様に、「PC画面の前」という空間制約を取り払って自由意思で行動・移動し始めた数多くの人と、メールやソーシャルメディアで常時つながるようになったのである。

私たちは、インターネットの発達によって10年以上前からネットにつながることが可能となり、自ら情報発信することもできるようになった。10年前は自ら情報発信することと自体が新鮮だったし、「個人のメディア化」や「ウェブ2・0の時代」などという言説がもてはやされたりした。しかし、従来は、「PC画面の前」という固定空間からの情報発信であり、仮想現実も固定空間の中での閉じられたものだった。

ところが、いま生じている変化は、「電脳」を持った個々人の固定空間からの解放であり、解放された個々人のネットワーク化である。しかも、移動する個々人のネットワークは、秒単位でその様態が変化し続ける歴史上前例のない人的ネットワークでもある。加えて、個々人が移動する際に認知する疑似空間は、PCが置かれた部屋といった固定された空間ではなく、個々人の移動に伴ってまわりの空間の一部が、連続的に仮想空間へとグラデーションのように変容し続ける。

この本格的な社会変容の幕開けとも言える環境変化によって、数分あるいは場合によっては数秒でできる生産的な行動が格段に増え、こま切れの時間の価値が格段に上昇した。そして、企業も消費者も、これまで歯牙にもかけなかったこま切れの時間の活用に血眼《ちまなこ》になり、時間に対する意識は急激に変化してきている。「時間価値」を改めて問い直し、行動パターンを少しずつではあるが同時に不可逆的に変化させてきているのだ。

時間価値が問われる第2のポイントは、私たち自身の変化である。具体的には、長期トレンドである高齢化と都市化が要因となる。

日本人の現在の平均年齢は約45歳で、20年後には50歳近くになる。明治から戦後まで、日本の平均年齢は30歳以下であったことを考えると、ここ半世紀の高齢化のスピードは驚愕と言える。もちろん医学などの発達で平均寿命は依然として少しずつ長くなってはいるものの、高齢化とは国民全体で平均余命が少なくなることと同値であり、国民全体で見た時間の希少性は否応なく高まっている。

加えて、継続的に都市部への人口流入が生じている。詳しくは後述するが、人口の都市化は付加価値型サービス業の拡大がその背景にある。

都市部への人口流入は、都市部における情報・商品・サービスの交換や売買の速度を上げ、都市部における付加価値型サービス業に従事する人の生産性を引き上げる。彼ら彼女らの多くは、収入を極大化するために労働時間を増やすインセンティブ（動機づけ）があり、労働時間は長時間化する。余暇や買い物などプライベートの時間はいきおい少なくなり、どのように業務を効率化するかなど「時間価値」への意識は急速に高まっていくことが予想される。

このような携帯情報端末の発達、高齢化、都市化といった複数の要素の掛け算によって、我が国における「時間価値」は幾何級数的に増大している。そして、企業や消費者は、あるものは意識的に、あるものは無意識的に、この「時間価値」を考慮しながら、自らの行動パターンを変えてきているのである。

世はまさに「時間資本主義の時代」に突入したと言える。

だからこそ、本書では、一貫して「時間価値」という補助線を使って、現在発生している事象を分析していく。「時間価値」というスポットライトを当てて、企業行動や消費者行動を規定する本質という影を浮かび上がらせることを目的とする。

本書は4部構成となっている。

第1部では、「時間資本主義」という新しいパラダイムの総論を述べる。ここでは、「時間価値」への意識の高まりが出てきた背景や、その結果として企業行動や消費者行動のどの本質が変化するのかを列挙し、「すきま時間」の重要性の高まりや「時間価値」増大のための方向性を議論している。

第2部では、「すきま時間」の重要性が高まることで、どのようなサービスが生まれるのかを詳述し、「すきま時間」を活用する事例として人々の移動というトピックにも焦点を当てている。また、効率的な時間の使い方を達成した私たちが、次にいったい何を求めていくのかについても言及している。

第3部では、私たちをあえて4つにカテゴリー分けし、それぞれのカテゴリーの人間が、「時間資本主義」という荒波をどのように泳いでいくのかを議論している。「時間価値」というと、とかく時間の効率化ばかりに目が行きがちであるが、時間をいかに快適に過ごすか、いかに創造的な思索をする時間や環境を作っていけるか、などについても触れる。

そして、第4部では、「時間価値」を極大化させるには、「空間」の使い方を修正することが重要であることや、私たちの居住空間や都市空間のあり方が変化する可能性を議論している。「電脳」を保有して動き始めた人間は、まわりの空間の使い方や考え方が大きく変わってくるためである。また、高齢化によって社会全体が共有する過去の経験や思いが累積していく社会で、どのような企業行動や消費者行動の変化がなじむのかという私論も述べている。

以上のように、本書は「時間価値」というアングルで、かなり広い範囲にわたって生じる変化を議論しており、オムニバス方式での展開となる。項目によっては企業行動に言及したり、消費者行動に言及したり、あるいは近未来の予想を展開したりしているため、話があちこちに行っている感があるかもしれない。

しかし、それほど「時間価値」の重要性の高まりが世に与えるインパクトは、深遠で広大ということである。そして「時間価値」を意識して企業や消費者が行動パターンを決定していく「時間資本主義」という新しい時代の到来は、従来の時代とは断絶的に大きな変化が生まれるということである。

それでは「時間資本主義」という新しい時代の扉を開けていこう。

目次

協力　崎谷実穂

第1部

時間資本主義の到来

第1章　人類に最後に残された制約条件「時間」

時間の価値が変わりつつある

「時間資本主義」というコンセプトを考えるにいたった発端は、弊社の若手コンサルタントとの会話だった。

「いま、すすぎが1回で済む洗剤がすごくヒットしているんですよね」

「へえ、なぜだろう」

「洗濯の時間が短縮できることが主婦に喜ばれているらしいです」

短縮できると言っても、せいぜい10分ほどのことだろう。私は「それがそんなに大きなメリットなのだろうか」と不思議に思った。しかも、その商品はもともと「節水」や「コンパクトさ」を売りにしていたのに、消費者に最も喜ばれたのは「時短」だったのだ。

ここには、時間に対する意識の変化が現れているに違いない。

朝の10分。これがどれほど貴重な時間かということは、子育ての経験がある人には実感できるだろう。特に、朝のうちにほとんどの家事を済ませ、自分の出勤の準備をしつつ、子どもを保育園へと連れて行く用意をしなければいけないワーキングマザーにとって、10分早く洗濯が終わる洗剤は多少割高でも歓迎されるはず。それは、私にも想像できる。

しかし、昔の主婦は10分すすぎが早く終わることに、対価を支払っただろうか。そもそも主婦が1日かかる家事の重労働から解放されたのは、洗濯機が発明されたことによる部分が大きい。家族の人数分の洗濯物をすべて手洗いするには、相当な時間がかかる。それを、洗濯機にぽんと放り込むだけでよくなると、干して畳んで仕舞うまでのことを考えても、トータル約3〜4時間かかっていた作業時間が約30分になる。

これはとても大きな時間の節約だ。昭和30年ごろの洗濯機の値段は4300円。当時の国家公務員の初任給が9200円なので、洗濯機は高価な買い物だった。それでも、洗濯にかかっていた主婦の時間と労働量から考えれば、洗濯機を買うのは合理的な選択だったのだ。

それから、洗濯機だけでなく他の家電もどんどん進化を遂げ、家事にかかる時間は短くなっていった。１９７６年の時点で１週間に１０７分費やされていた家事の時間は、２００６年には92分になっている。[*1] 少しずつ切り詰められていった家事時間のうち、残されていた短縮できる時間。それが、すすぎの10分だったのだ。そして主婦たちは、その時間を得るためにいくばくかのお金を払っていいと思うようになった。

この10分という短い時間は、いまや主婦以外の人にとっても、貴重で有用な時間になりつつある。ＩＴの発達によって、短い時間でできることが増えているからだ。従来は、歯牙にもかけられていなかった数分という時間、あるいは重要な複数のミーティングの間に生まれる数分という**「すきま時間」**の価値が急激に上昇してきているのではないだろうか？　「すきま」という言葉自体、重要な物事の間に無自覚的に発生する低廉価値のイメージを内包しているが、今後はこの「すきま」こそが重要な時代になってくるかもしれないのだ。

こうして、時間という「補助線」を引いて現代の社会を眺めてみると、これまでの枠組みではとらえきれない、企業の経済活動や個人の消費行動が浮かび上がってきた。今後どんなビジネスに商機があるのか、私たちはどう時間を使うことが幸福につながるのか、ということも見えてくる。

「時間を有意義に使おう」ということは、もう何十年も前から言われてきていることだ。本屋に足を運べば、時間活用術関連の本がひとつのジャンルをなしている。時間に追われるビジネスパーソンの中にはすでに、目的地に10分で着くならば、30分かけて電車に乗るよりもタクシーを使う、といった考え方で行動している人もいるだろう。彼ら彼女らは、時間をお金で買っているのだ。そういう人にとっては、「時間の価値が上がっている」「時間の価値を最大化しよう」なんて、当たり前のことに感じられるかもしれない。

ただし、本書で扱うのは、そういった時間にまつわる個々人の合理的な選択にとどまらない、もっと大きな社会変容からとらえた時間の価値の変化である。産業構造の変化やＩＴの進歩により、時間に対する人々の意識や、その時間が生み出す社会的な価値が変わりつつある。それはさらに、空間をも巻き込んで、私たちの生き方そのものを変え始めている。

数千年という悠久の人類史を見れば、ここ十数年などという時間経過は極小の期間に過ぎない。しかし、この十数年で生じているＩＴの発達や社会の変化は、数千年という歴史の中で私たち人類が慣れ親しんできた時間感覚を断層的に大きく変化させ、新たな時間価値の概念を提供している。結果として、人の生き方、社会やビジネスの在り様についても、根本的に異なる価値基準が生じてきている。

人類にとってのさまざまな制約条件

本書の論考は、「時間」を人間にとってのある種の「制約条件」と前提している。そして、時間制約を踏まえた人間の奮闘こそが、新たな社会構造を作るエンジンであるという考え方に立脚している。

人類にとっての制約条件は、もちろん時間だけではなかった。人間は本来的に、制約条件から自由になることを欲する生き物であり、さまざまな苦闘で制約条件を乗り越えることで自らの自由の足固めをしてきた。これまでの人類の歴史は、さまざまな制約条件から逃れようと格闘してきた歴史とも言えるだろう。

人類史を遡れば、まず私たち人間が克服したのは、自然状態だった。初期の人類は、狩猟によってその生を維持していた。狩猟という行為は、その成否が運に左右される部分が多く、何日も獲物が得られなければそれは一族の死を意味する。こうした厳しい生存条件から逃れるために、人類は農耕という技術を手に入れた。農耕ももちろん天候など他律的な運に左右される部分もあるが、狩猟に比べれば、コントロール可能度は格段に高い行為である。こうして、運に空腹を左右されていた狩猟民族は、

図1　時間は人類に残された最後の制約条件となる

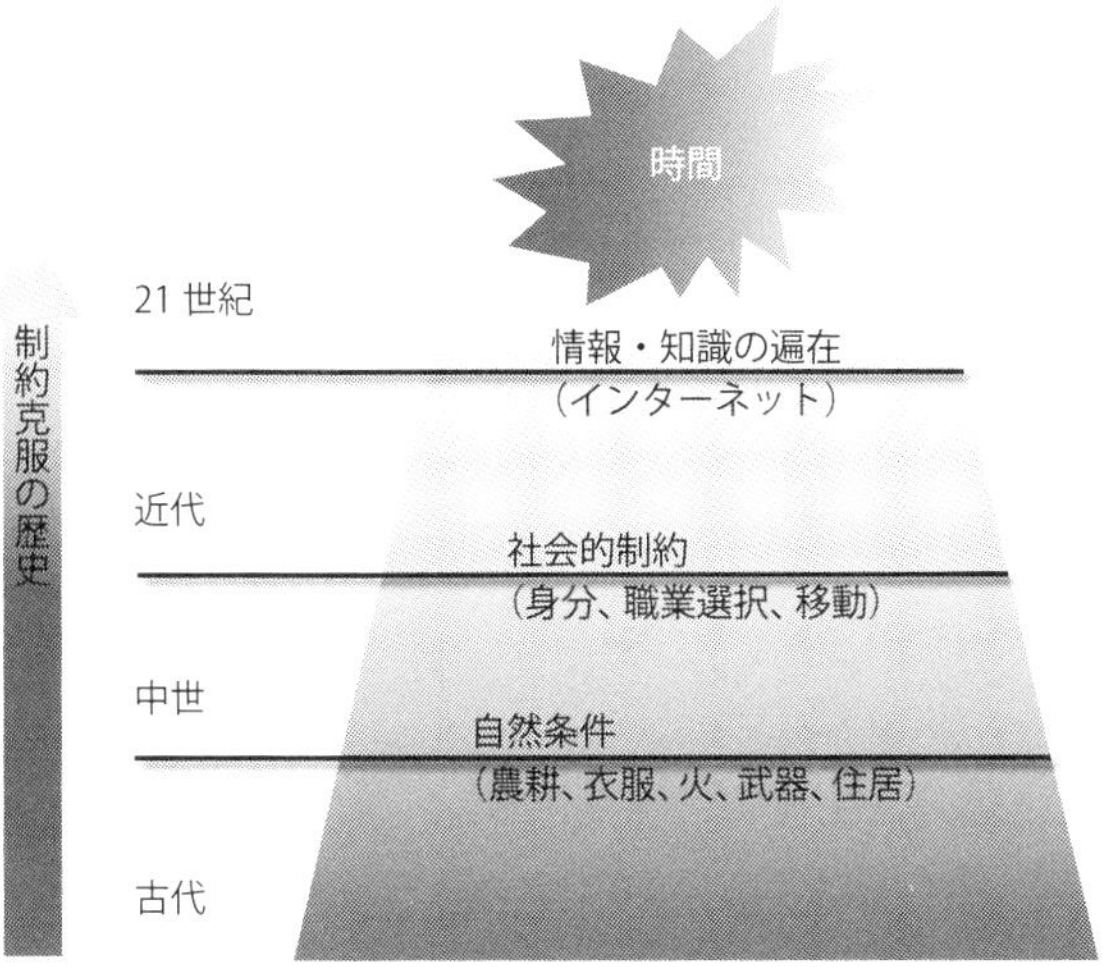

農耕技術を手に入れることで安定的に食料を確保できるようになった。

　狩猟と同様に、衣服や武器といった工業生産物も、人類の自然状態の克服に寄与した。衣服の着用は、寒暖といった天候要因から人類を守っただけではなく、肌と地面とが直接接触しないようにして病原菌の侵入を防ぐことにも役立った。また、多くの遺跡から石器や鉄器などの武器や農機具が見つかっているが、これらが狩猟や農耕の生産性を大幅に上げたことは想像に難くない。また、人類は火を制御することにも成功した。火によって、夜間の活動が可能になり、食物を調理できるようにもなった。加熱することで殺菌処理もすることができ、食べられる動植物も増えた。

　こうして初期の人類は、農耕、衣服、武器、火といったさまざまなツールを手にすることによって、他の動物のように自然状態に内包された生から脱皮し、自然状態を（ある程度）克服した唯一の種となった。そして、自然状態から脱した人類は、やがてそのコミュニティを徐々に拡大させ、各地域に社会・組織・国といった枠組みを作っていった。もちろん、こうした枠組み作りは、もともとは自然状態という人類にとっての制約条件の克服を目的に設計されたものであるが、興味深いのは、これら社会・組織・国という枠組みの存立・維持が自己目的化し、社会的条件となって人類の新たな制約条件に転化したことである。

つまり、自然条件からのサバイバルを成し遂げた人類は、次に社会的な制約に縛られるようになったのだ。これは当時の人類の生産性や思想のレベルを考慮すると、人間が集団で社会生活を営む上では避けられないものだったのかもしれない。ただ、不可避だったにせよ、この社会的制約は中世において大きな重しとなり、人類に新たな克服対象としての挑戦状を叩き付けたと言える。

例えば、身分。中世のヨーロッパや日本での例を歴史で勉強した人も多いと思われるが、基本的に階級は生まれながらに決まっていて、当人の努力や能力からは独立して、その貴賤が決まってきた。また、固定化された身分に紐付く格好で各人の職業も生まれながらに決まっていて、選択の余地はなかった。結果として、各国で徐々に経済活動が活発になってくると、自然にその身分や職業を下敷きにした経済格差が拡大し、多くの市民の中に格差に対する不満がうっ積するようになった。

こうした身分や職業選択という社会的制約に風穴を開けて、制約条件からの脱却を先導したのがヨーロッパで発達した啓蒙思想である。自然権のジョン・ロックや社会契約説のルソーなどキラ星の如き啓蒙思想家が相次いで著作を発表し、イギリスやフランスなどで市民革命が起こり、それを契機に社会的制約条件から私たち人類は解き放たれ始めた。こうした動きはアメリカ独立にも発展したし、直接的因果関係は乏しいものの、我が国でも明治維新によって身分制や職業選択の制約は撤廃され、社会的制約は希薄化していった。もちろん、現在でも一部の国や地域で身分制度の名残りはあるが、絶対的なものではなくなりつつある。

職業が定められていた時代は、収入もそれに紐付いてある程度決まっていた。さまざまな市場が十分に発達しておらず、自らの労働や生産物を自由に創造的に交換する仕組みがなかったからである。しかし、西欧においてはプロテスタンティズムを精神的支柱にし、我が国では江戸期商人らの勤勉性をてこに、資本主義や市場メカニズムの有用性が近代社会に浸透することで状況は一変した。

産業革命によって技術と富を得た資本家は、資本の拡大再生産を継続的に試行し、身分や居住地が自由になった労働者は、自らの労働と賃金の交換レートの最も良い条件を探すようになった。産出された工業製品は、市場メカニズムを通じて、最も高く購入してくれるユーザーに効率的に売却されるようになり、資本の拡大再生産の効率を高めることが可能となった。現代の資本主義社会に生きる私たちは、労働量を増やしたり、より条件のいい仕事に転職したりして、収入を自分の意思で増やしていくことができる。金融工学の発達によって、良し悪しは別として、労働で収入を得るだけでなく、個人で資産を運用できるようにもなった。

空間移動も格段に自由になった。もともとは中世においては、居住地の選択権どころか、自由に旅行をすることさえ許可が必要だった。しかし、前述したような市民革命の結果、法律的な移動の自由は確保された。加えて、技術的あるいは金銭的な制約も希薄化した。かつては、日本からヨーロッパやアメリカに行くためには、多大な時間、お金、そしてリスクを払わなければいけなかった。しかし、交通手段の発達によって、比較的安価に、短時間で、安全にどこでも行けるようになった。ビザ発券が容易になったことや、ビザ自体が不要になったことなども、こうした空間移動の制約条件からの脱皮に拍車をかけることになった。

知識・情報もかつては一部の権力者によって制限されていた。それが、15世紀のグーテンベルクによる活版印刷技術の考案から大きく変化した。手描きの書き写しや木版印刷しかできなかった時代に比べ、情報が早く広く民衆に届けられるようになったのだ。その後、新聞・ラジオ・テレビなど、一般市民が安価でアクセスできるメディアが一般的になったが、情報の制約条件からの脱皮が加速度的に生じたのは20世紀後半に発達したインターネットが契機だろう。インターネットの登場によって、一部の権力者・政治家・官僚・経営者らによって独占されていた情報がある程度、一般に流布されるようになり、各人の情報格差がフラットな状態になった。

このように、先史以来の人類史は、頭脳という道具を駆使して、科学や思想を操り、さまざまな制約条件からの解放を志向してきた営みと言える。

さまざまな制約条件から解放された私たち。

しかし、どうしても克服できない条件が「時間」だ。

1日24時間という事実は、すべての人間に平等に課された制約条件である。1日を24時間と決めたのは人間だが、それをねじ曲げたとしても、寿命という制限はクリアできない。

もちろん、医学の飛躍的な発達によって先進国でも発展途上国でも平均寿命が長くなっていることは周知の事実である。しかし、それですら人類の身体を形作っている細胞が元々与えられている寿命を考えると、寿命の長期化も永遠に続くわけではない。むしろ、冒頭に述べたように、我が国をはじめとして多くの先進国では高齢化によって、国全体での平均余命が短くなっており、国民の平均的な「時間価値」への意識は高まらざるを得ないだろう。

この意味で、時間が限られているという客観的事実は、厳然として私たちの前に横たわっている。

ドラえもんの「ひみつ道具」は現代のテクノロジーで実現可能なものが増えつつある。材料を入れるだけであらゆるモノが出力される「メカメーカー」などは、3Dプリンタそのものである。しかし、最後に実現不可能なものとして残るのは「タイムマシン」と「どこでもドア」なのかもしれない。このドラえもんの2つの道具こそ、まさに本書で扱う「時間」と「空間」の制約条件を取り払うものである。そして、この2つこそが、人類がもっとももほしい道具なのではないか、とすら思う。

時間の制約要因と経済における金本位制の共通点

時間という制約を考えると、私の頭には金本位制のことがふと浮かんだ。それは金本位制からの離脱時と現在の資本市場・商品市場が、同じような様相を呈してきていることとも関連するかもしれない。

1816年にイギリスで始まった金本位制。その制度のもとでは、1オンスの重さで、3ポンド17シリング10ペンス半の価値を持つ金貨が発行され、その金貨といつでも交換できる紙幣が発行されていた。

こうした兌換紙幣は、いつでも金貨と交換できるが、この場合はあくまで金貨の代用品と考えられる。つまり、原則として金の保有量が紙幣の発行量となるのだ。国際金本位制の時代には、不景気やデフレを克服しようとして通貨量（マネーサプライ）を増やそうとしても、世界の金保有量という制約要因がマクロ経済に存在していた。

その後、大恐慌の影響で各国は金本位制を維持できなくなり、次々と離脱。金本位制は崩れていった。そして、各国の中央銀行はマネーの量を金の保有量という制約なしで増加させられるようになった。金の保有量という制約条件から解き放たれたのだ。この時点で、各国の指導者や経済関係者は、各国の経済運営が金の保有量という制約条件から独立して自由に行えるようになったと感じたはずだし、マクロ経済政策の勝利を獲得したような陶酔感があったのかもしれない。

しかし、実際は政治的ないしは社会的理由によって機動的に財政政策や金融政策を緊縮型にすることは難しく、結果として市中に流通するマネーの量は拡大の一途をたどった。1990年代以降、金融工学の発達によって資本市場や商品市場が膨張してくると、マネーはその拡大スピードを加速させた。流通するマネーの量が多くなりすぎて信用がゆらぐと、下がり続けていた金の価値が上昇し始め、改めて金の価値が見直されている。金自体はなんの価値も生まないのにもかかわらずだ。結局、私たちは、世界各国が保有する金の量という制約条件から逃れられないのかもしれない。

鉱物の採掘技術は年々改善しているものの、世界の金保有量は少しずつしか増加していない。金融工学や資本市場を発達させてきたものの、私たちは金保有量という漸増する制約条件からは逃げきれない。時間もそれに似ている。医学の発達や摂取する食物の改善によって人類の寿命は長くなっている。しかし、これは金の保有量の漸増と同様に緩慢で小さなものであり、人類の寿命という制約条件の大きな枠組みは変わっていないのだ。むしろ時間の制約から逃れようとすればするほど、時間価値の重要性が見直されてきているように感じられる。

この時間制約という根本的な制約問題は、昔から「時は金なり《タイム・イズ・マネー》」という言葉に代表されるように、常に私たち人類の発展とともに存在していた。

しかし、私たち人類は、時間制約に対して有効な克服策を見出すことはできず、その代償行為として社会的制約や情報制約の克服を実現してきた。しかし、社会的制約も情報制約も、実は私たち人類が人工的に作り出した制約条件であり、これらを克服したとしても人類誕生とともに生まれた時間制約への有効打は生まれていない。

私たちは、21世紀になって情報通信端末など多くの道具を手にして万能感を持ったのかもしれないが、結局のところ人類誕生から抱えてきた時間制約という問題を克服できていないのだ。他の制約条件を克服する過程で、本質的な時間制約という大問題を見ないようにしてきたのかもしれない。しかし、他の制約条件を克服した現在、改めて時間の持つ希少性という時間価値の問題が、他の制約条件を克服したからこそ従来以上に大きな問題として横たわっていることは皮肉である。

「時間がもっとほしい」と思う理由

かつて、強大な権力を手に入れた秦の始皇帝は不老不死の薬を求めた。古代メソポタミアの『ギルガメシュ叙事詩』には、すでに「永遠の命」「不死の薬草」といったモチーフが出てくる。インドの聖典『リグ・ヴェーダ』にも「不死の飲み物」が扱われている。何らかの手段で、不死を得ようとする願望は古代から現代に至るまでさまざまな物語に受け継がれているのだ。

これまで不老不死というのは、始皇帝のように「この世でずっと繁栄していたい」と考える権力者が求めるものだった。当時、始皇帝のもとで過酷な労働に従事していたものたちは、死への恐怖はもっていても、長生きすることへの渇望はそこまで強くなかっただろう。この世はつらいものだったからだ。

現代、さまざまな制約から解き放たれた私たちは、もしかしたら全員が始皇帝とまでは言わなくとも、貴族のような存在なのかもしれない。いまが幸せだから、この時間が長く続くことを望むのだ。人生全体の時間の制約に怯《おび》え、アンチエイジングにはげみ、細胞を若返らせる医療技術の発展を望む。

そして、不老不死までは望まなくとも、「1日が24時間以上あればいいのに」と思ったことのある人は多いだろう。現代人はさまざまな制約から解き放たれ、より一層時間という制約に悩まされるようになった。いや、時間の制約だけが残り、ままならないことによるストレスが浮き彫りになった、というほうが正しいかもしれない。

私たちは、つらい時間を早く進めたり、楽しい時間を長引かせたりと、時間そのものをコントロールすることはできない。しかし単位時間あたりで生産できる価値を高め、ムダな時間を短く、有意義な時間を長く取ることはできる。時間そのものを変えられないならば、現代における時間というものを理解し、自分の意識や行動を変えていけばいいのだ。

日立製作所中央研究所の矢野和男氏が書いた『データの見えざる手』では、ウエアラブルセンサによって収集された1日の腕の動きのデータから、人間の活動のパターンを分析している。その結果からは、自分の1日の限られた活動量をどんな活動に何時間ほど振り分ければいいのか、ということがわかる。気合いや根性ではなく、時間の使い方を科学的に考えることで、無理な時間の使い方をするリスクを排除でき、時間単位時間あたりの満足度を科学的に引き上げられるという示唆を提供している。

工業経済において、時間は無個性な単位だった

製造業が中心だった時代、労働者の1日の時間ははっきりと区分けできた。そして、私的時間と明確に区分できた「労働時間」という経営資源を、いかに効率よく使って高い生産性で自社製品を作るのかということが最も重要な命題だった。F・W・テイラーが提唱したテイラーリズムがその最たるものである。テイラーは、労働者の時間を効率よく工場の作業工程に合致させることで、科学的で客観的な労働者の管理ができると説き、これによって生産現場の労働の効率が著しく向上すると考えた。結果として雇い主である資本家には低い人件費負担を、従業員には高い賃金支払いを可能にできるとする若干ユートピア感を内包した経営思想でもある。

工場の組立ラインは、反復、機械的作業、標準化によって成り立っている。これは、そこで働く人の仕事、そして毎日そのものでもあった。人々は同じ時間に出勤し、勤務時間の9時から18時までは自分の作業だけに従事する。そして、みな同じ時間に退勤する。仕事の時間とプライベートの時間を色分けするならば、そこにはっきりと線が引けたのだ。人々の時間の使い方に、個性はなかった。

工場で実際に手を動かして製品を作る人、製品を運送する人、販売する人、それら

の人々を管理する人など、職種の違いはあっても、仕事をしているか、家で家族と過ごしているか、趣味などに使っているか、など時間の種類は決まっていたのだ。

製造業というのは、労働者の時間と場所の自由を会社に預け、労働力を製品に変えていくという考え方で成り立つ。均質な労働者を1箇所に集め、効率的な工場で製品を生産する。その工場の場所は、どこでもいい。だからこそ、より安いところへ移転することになり、東京近郊から地方へ、周辺のアジア各国へ、と生産拠点は移っていった。これは労働力と工場という大きな固形物を、動かしていくイメージだ。

日本でも、1950年代後半から60年代にかけての高度経済成長期、そして世界で最も競争力のある工業国と言われていた80年代には、こういった働き方が主流だった。

しかし、第二次産業から第三次産業に主要産業がシフトしていくにあたり、人々の時間はさまざまな個性を帯びてくる。付加価値型のサービス業が求められるようになると、1時間あたりに生産した製品数では、生産性が測れなくなる。工場の稼働時間に合わせて出勤・退勤する必要もなくなる。もちろん、会社の出勤時間は存在しているが、出社してから何をするかは人それぞれによって違っている。

具体的には、工場という定められた場所に行かなくとも、できる仕事が増えてきた。子どもを持つ女性は、家で働くことも可能だ。そうすると、仕事をしながら子どもの世話をしている、という状況もありうる。仕事の時間とそうでない時間に、明確に線を引くことは難しくなってきた。人々は大きな集団で動く固形物ではなくなり、それぞれが液体中で小刻みにブラウン運動している微粒子のような存在になった。

そして、それをさらに爆発的に推し進めたのが、ＩＴの進歩だ。

伝統的な製造業であれば、出社した従業員は工場に入った瞬間から彼ら彼女らの時間はたちまち仕事という記号を与えられ、彼ら彼女らの時間投入を使って最大限の産出物をアウトプットすることに専念させられることとなる。しかし、第二次産業から第三次産業へと日本の経済の主役が徐々に変わっていった80年代以降、労働者の働く環境は大きく変化した。

工場という生産設備のかたまりという環境を飛び出た労働者は、オフィスという新しい環境に包摂され、それぞれの事務机という「個」の空間を与えられた。基本的に「個」の空間が乏しい工場との大きな違いである。

この後、情報通信技術が急速に発達するのだが、初期の80年代あるいは90年代初頭は、まだ個々の労働者が情報端末を手にする時代ではなく、オフィスでも数人～10人前後に1台のデータ入力用端末やＰＣが付与されるなど情報端末用の専用机が存在していた。この意味で、初期の付加価値型第三次産業は、個々人の事務机という「個」

の空間を保持しつつも、同時に端末専用机といった第二次産業的「共用設備」が混在していた。

90年代半ば以降、情報機器が廉価となり、個々人がこれらを駆使して高付加価値の仕事をすることが第三次産業の中心に躍り出てくると、1人ひとりの労働者はPCや携帯情報端末という設備を装備した〝高付加価値型サービス工場〟として「個」の独立を果たしていくこととなる。

付加価値型の第三次産業の発達とは、PCや携帯情報端末を手にすることで、ホワイトカラー労働者それぞれが「個」の生産物アウトプット機関として再定義されることと同値となった。そして、このアウトプットされる生産物の生産性は、前述したようなテイラーリズムとはまったくかけ離れたところにあり、偶然性をも内包した複雑性の様相を呈している。

ある意味、従来型であれば、まじめに仕事をしていくことで、高い確率を持って高い生産性でアウトプットすることが可能だった。つまり、因果律的ビジネスの仕組みにより、まじめに仕事をする意味が大きく、まじめに仕事をすることが最も合理的な時代であったと言える。

しかし、これがいま、変容しようとしているのだ。

ＩＴ活用で変わる時間の目盛り

わが身を振り返っても、過去20〜30年のＩＴの発達は隔世の感がある。私が大学を卒業して野村総合研究所に入社したのは１９９０年であり、おおよそ四半世紀前のことになる。野村総合研究所と言えば、情報通信技術という点で我が国を代表する企業であり、歴史的にＩＴを先駆的に使ってきたイメージがあるかもしれない。

しかし、私が入社した当時、野村総合研究所でも事務机８〜10脚がひとつの「島《しま》」として寄せて配置されていて、ひとつの「島」に１台のＰＣが配置されているだけだった。もっぱら、そのＰＣは、手書きで書いたレポートを清書してワープロソフトの一太郎で作成するツールであり、アシスタントが主に使うものであった。また、表計算ソフトのＭＳエクセルはまだ一般的ではなく、レポートを書くときは、一太郎で文章を作り、ロータス１-２-３で極々簡単なグラフを作り、それぞれをハサミやカッターナイフで切り取って必要に応じて縮尺コピーをして、スプレーのりで貼り付けるという、いまから考えるととんでもないアナログの作業をしていた。

情報収集のために、担当企業に取材に行ったり、図書館に探し物に行ったりすると、ケータイもポケベルさえもなく、まったく連絡が取れない状態だった。このため、各「島」には掲示板があり、各人が毎日外出時にはどこに行って、何時ぐらいに帰ってくるかを記入するだけの時間管理だった。取材先から直接帰宅するときは「NR（No Returnの意味）」と書くだけで、誰も時間あたりの生産性など考えていなかった。本当にゆったりした時間がしんしんと流れていたことを思い出す。

こうした牧歌的な時間の流れがかき消されたのはインターネットの発達による。

1969年にアメリカの大学内のネットワークとして誕生したインターネットは、最初は学術ネットワークとして拡大し、90年代からは商用での利用が一気に拡大していった。日本でインターネットの商用利用が認可されたのは、1993年。2003年頃に、ヤフー！BBが駅前でモデムを無料配布していたのを、覚えている人も多いだろう。そのあたりから、一般家庭でも定額制でインターネットに接続することが当たり前となっていった。現在は13歳から49歳までの90％以上の人がインターネットを利用し、毎日少なくとも1回はインターネットを利用するという人が6割を超える。[*2]

インターネットが広まると同時に、人々はEメール（メール）で連絡をとり始めた。メールは、これまでの仕事のやり方を劇的に変えることになった。また、2007年には、iPhoneが登場。2010年には9・7％だったスマホの国内での保有率は、2年後に49・5％まで急上昇した。[*3]

こうしたインターネットの発達によって、仕事の仕方は劇的に変化した。前述したように、野村総合研究所で社会人人生をスタートした私自身は、いまから思えば牧歌的な環境にいたと言える。現在は、社員約150人のコンサルティング会社の共同代表をしているが、自分も含めてほぼ全社員には会社から支給された情報通信端末があり、それを使えば、どこからでも会社のメールがチェックできるようになっている。また、情報通信端末には、各コンサルタントが自らウォッチしている業界のニュースや企業買収情報などが随時流れてくることで、常に世の中の経済活動とつながっている状態となっている。各人のスケジュールも、スケジュール管理ソフトによって共有しており、会社で活用している。自らの働き方の変化を見るだけでも、肌感覚として、労働生産性は、この20~30年で飛躍的に上昇している。

総務省の調べによると、テレビ、ラジオ、新聞、雑誌、インターネットの各メディアにおいて、3年前より使うことが増えたと答えた人が、減ったと答えた人より多かったのはインターネットだけだ。なかでも、スマホでインターネットを使うことが増えた人は55%と、他メディアで利用が増えたと答えた割合と比べても、圧倒的に多かった。[*4]

それでもまだ、PCでインターネットを使う時間は1日平均102・1分、スマホでインターネットを使う時間は79・4分。まだまだテレビの212・3分に比べると、半分にも及ばない。ただ、テレビを見ながらインターネットをするなどの「ながら利用」も含めると、確実に私たちがインターネットに費やす時間は増えている。

私たちはスマホによっていつでもどこでもメールやインターネットが簡単にできるようになり、さらに仕事の場所に制限されることはなくなった。

スマホの登場は、こうして人々の時間意識をがらっと変えた。

利用できる時間の目盛りが細かくなったのだ。それこそ、すすぎ時間の短縮で得たような10分間ですら、意識的に何かをすることができる。しかも、従来のPCのように利用者の空間を固定化しないことも大きい。

わかりやすいのは、通勤時間だろう。長時間電車に乗る場合に本や新聞を読む、という人はこれまでもいた。しかし1、2駅を通過する間は、ぼーっとするか車内の広告を見るかで終わっていた。特に利用するほどでもない時間だったのだ。

スマホによって、この時間は利用価値のある時間へ変わった。5分あれば、スマホで何ができるだろう。メールチェックができる。SNSのタイムラインを追える。メッセージアプリでスタンプを送れる。ソーシャルゲームでポイントを稼げる。次の目的地の近隣においしいランチの店がないか検索できる。オンラインで航空券を取ったり、連休に泊まるホテルを予約したりできる。「お気に入り」に入れていた、気になっていた洋服を買うことだって、クリック1秒でできるのだ。

ただ、こうした変化が人々に幸福感をもたらしたかどうかは検証の余地が大きい。本書でも、働き方の変化によって「有意義な時間が増えた」と表現しなかったのは、情報通信技術の発達によって自らの時間を有意義にするかどうかは、その人の行動次第だからだ。

これまで捨てていたような時間、あるいは歯牙にもかけなかったような「すきま時間」を、価値あるものにできるツールが幾何級数的に増えていることは確かであり、現代に生きる私たちはこうしたツールの増加に物理的にも心理的にも適応させて、自らに与えられた生をよりよきものにする機会を与えられている。

しかし、後述するように、ツールに対する適応の仕方次第では、結果として、よりよき生にもなるし、時間制約という感覚にこれまで以上に拘泥してしまうことにもなりうる。確かに、私たちにはツールも機会も増えたのだが、やはり非選別的に全員が便益を受けるわけではない。ツールや機会の活用法が重要になってくるのである。

かたまり時間とすきま時間

ＩＴが発達する前は、とりわけスマホなどの携帯情報端末の登場以前では、短い時間にはあまり注意が払われてこなかった。

通常使われている予定表や手帳なども、１時間あるいは30分刻みの表になっており、ある程度の「**かたまり時間**」を想定して、私たちの時間管理は行われてきた。また、従来の家電製品の発達も、洗濯機の発明に見られるように１時間、いや数時間単位の時間を節約することと引き換えに、消費者は対価を払ってきた経緯がある。

逆に、重要なミーティングと重要なミーティングの間に偶発的に発生する数分間の「すきま時間」は、自発的に生産的な行動を取ることが不可能であり、こうした「すきま時間」は単にぼーっとして捨てられるか、白昼夢にふける程度しか使い道のなかった時間であった。

しかし、「かたまり時間」が価値を持ち、「すきま時間」が無価値であるという従来のパラダイムが大きく変わってきている。スマホの登場によって、私たちが偶発的に獲得する数分間、あるいは数秒間という「すきま時間」に息吹が与えられ、意味ある時間として新たな輝きを保持し始めたためである。

電車の待ち時間や、トイレ休憩など数分間や数秒間で、スマホを使って友人や家族とコミュニケーションしたり、来月の旅行の予約をしたり、仕事の取引先に挨拶メールを送ったり、さまざまなことが可能となった。もちろん、依然として「かたまり時間」が「すきま時間」に比べて価値が大きい場合がほとんどだろうが、その価値格差は、ITの発達によって急激にかつ大幅に狭まった。

左頁の図2で大きなかたまりとして示されている時間は、5時間なら5時間、最初から最後までひとつの活動にあてられる時間を指す。1時間＋1時間＋3時間で合計5時間、ということではない。時間の価値は、このように右肩下がりのべき乗則にしたがうグラフのようになっていて、1分、5分、10分といったロングテール部分の時間は捨てられていた。1日の中で幾度となく発生する短い時間は、何をするでもない時間として、日々の中に消えていくものだった。逆に言えば、時間はかたまりが大きければ大きいほど価値があったのだ。その時間でやれることの選択肢が多く、より有意義であると考えられていた。

こうした「かたまり時間」と「すきま時間」の価値格差の急激な縮小は、私たちの日々の行動だけでなく、経済活動や企業活動にも大きな変化を与え始めている。

従来は、「かたまり時間」の価値を最大限に利用する製造業が日本では主要産業であり、重要な活動である「仕事」には、大きなかたまりの時間があてられていた。製

図2　時間価値のロングテール

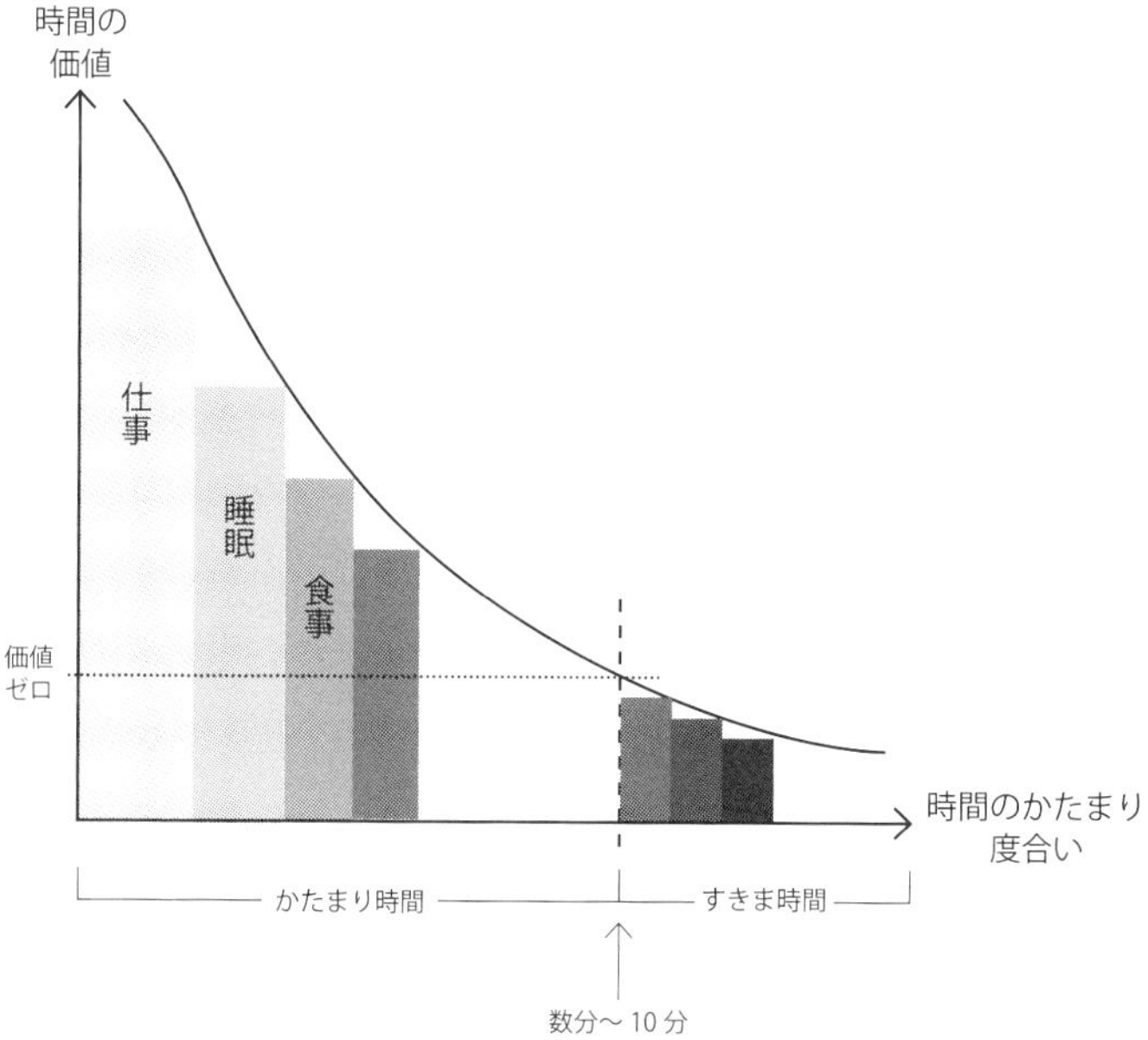

造はこま切れの時間ではできない。労働者の時間は、労働にあてられる「かたまり時間」と、それ以外の「すきま時間」に明確に区分され、ある程度の「かたまり時間」を労働者が当該事業に投入することで、はじめて生産ラインを動かすことができる。

しかし産業構造が変わり、付加価値型のサービス業、とりわけクリエイティブ（メディア、デザイン、ソフトや商品の開発、エンジニアリング、情報通信など）産業や金融産業などの存在感がこの10年で大きく高まってきている。これら付加価値型のサービス業が拡大し、しかも当該産業の生産性が上がることによって、「かたまり時間」と「すきま時間」の価値格差が急激に減少している。

要するに「すきま時間」でも稼げるようになってきたのである。

時間に比例して生産量が上がっていく工業生産とは違い、アイデアやデザインなどのクリエイティブな生産は時間に比例しない。ある意味博打のような部分があり、すごく時間をかけていいものができないこともあれば、少しの時間でいいものが生まれる可能性もある。もちろん、その人のスキルや思考力を鍛えるためにはそれなりの時間がかかっている。しかし、仕事の上で「かたまり時間」が必ずしも大きな価値を生むわけではなくなった。

そうして、「すきま時間」の価値は上がっていく。スマホがあれば、電車を待っているほんの数分にだって、部下への指示が出せるのだ。重要な意思決定をすることもできる。そして、アイデアを練ることも。仕事のためのスキルアップだって、「すきま時間」にできるようになった。英語などを学びたい場合、わざわざ2時間きっちり時間をとらなくとも、学習アプリや音声教材で5分、10分といった時間に勉強することができる。実際、私自身、この原稿を書きながら、同時に適宜、会社の部下からのメールをチェックしているぐらいだ。

いまや、「かたまり時間」に価値があるとしたら、睡眠時間くらいかもしれない。

まじめな事務エリートの悲劇と時間破産

ＩＴの進歩によって、変わることはほかにもある。それは、事務作業を担っていたホワイトカラーの価値が減少していくことだ。これは現在起こりつつあること、と言えるだろう。

ホワイトカラーとは一般的に、肉体ではなく頭を使い、オフィスで事務労働をする人のことを指す。ここでは主に「大企業で事務仕事に従事している人」をイメージして話を進める。営業職や企画職など、現場で足や手を動かしている人は除いて考えてほしい。

ＩＴがない時代の工業中心の社会で、事務作業には大きな価値があったのだ。そのため、給料はブルーカラーと比較して高めに設定され、四大卒の人材がつく職業とされていた。昔の書類はすべて手書きだし、確認も対面でしなければいけなかったので、単純に作業量も多かったこともある。

中間管理職は、それぞれの部署の業務の進捗管理をしたり、稟議書にハンコを押したり、マネジメントのために会議を行って情報を共有したりすることで社内組織を円滑にまわす役目があった。また、社会が右肩上がりだった頃は、自動的に社内での地位も上がっていった。社内での出世が頭打ちになっても、最終的には子会社の役員になるなどの道が示されていた。

ところがどうだろう。ＩＴによって自動化が進み、書類はオンラインのテンプレートで簡単に作成できるようになった。情報共有だっていちいち会議を開かなくても、社内のグループウェアでできる。部下の進捗把握だって、進捗管理表をクラウド上で共有すればいい。こうなると、事務作業の価値はどんどん低下していく。クビにならないまでも、何らかのかたちで付加価値を上げられない限り、給料は上がらない。

しかし、ホワイトカラーとして働いてきた本人には、自分は社会の中でも上層の仕事をしているというプライドがある。エリートとしての自負があるのだ。

そこでなんとか自分の価値を示し、スキルアップを図ろうと、前述の「すきま時間」を活用する。彼らは、通勤時間にソーシャルゲームはしない。ビジネス書を読んだり、資格の勉強をしたり、なかにはMBAを取ろうと努力する人もいるだろう。そうして、まじめな努力家が多いホワイトカラーの時間は「やらなければいけないこと」で埋まっていく。これは一見、「有意義」な時間の使い方に見える。

しかし皮肉なことに、時間を「やらなければいけないこと」で埋めれば埋めるほど、クリエイティブな思考は鍛えられない。新時代のエリートである、起業家などを含めたクリエイティブ・クラスの人間は、むしろぼーっと考える時間を意図的に作り出し、自らの生産性を高めているというのに……。

こうして、伝統的エリートであるホワイトカラーは、努力すればするほど生産性が低い事務作業の仕事から逃れられないという、負のスパイラルに陥って、いわば「**時間破産**」とも呼ぶべき状況を迎えていく。こういった、個人の生産性を今後どう高めていくのか、という議論は第3部「あなたの時間価値は、どのように決まるのか」で詳しくしていきたいと思う。

付加価値時間とコモディティ時間

産業構造が変化した現代のビジネスパーソンにとって、考えるべきは「その時間が付加価値を生むのかどうか」ということだ。ここでいう付加価値とは、経済学で定義された「付加価値」とは違い、その人が独自に付け加えることのできる価値を指すこととする。

誰でもできる作業は、今後ますますコンピュータにとって代わられていく。グローバル化で海外の安価な人材に仕事を奪われることになる。プログラミングなども、もはやインドや中国、ベトナムなどの優秀な人材に外注する流れが生まれつつある。

ここで、なぜシリコンバレーのベンチャーキャピタルはシリコンバレーにいる企業にばかり投資するのか考えてみよう。

単純に彼らは、自分たちのオフィスから距離が近い、ということを重視しているのだ。この業界ではかつて「20分ルール」というものがあったという。オフィスから車で20分以内にいなければ、投資対象ではないとされていた。それは、起業家にアドバイスをしたり、相談にのったりすることもベンチャーキャピタリストの大事な仕事であり、近くにいないと頻繁にできないからだ。いまはインターネットが発達し、スカイプ（Skype）などでビデオ通話も容易になった。投資対象が遠隔地にいても、アドバイスはできるように思える。しかし、それではダメなのだ。

かつて、電話が発明されたとき、これで家にいながら人とコミュニケーションができるようになるため、人の外出は減るだろうと予測した未来学者がいた。*5 しかし、現実は逆になった。電話で人は何をしたのか。もちろんおしゃべりもするが、直接会う約束をするようになったのだ。そして、むしろ人々の外出は増えた。

これと同じことが、インターネット、スマホの普及でも起こっている。通話で、メールで、メッセージングアプリで、容易に人と会う約束ができるようになり、人と会う機会はますます増えているのだ。仕事が予想以上に早く終わったなら、「いま銀座付近にいる人？」とフェイスブック（Facebook）やツイッター（Twitter）で呼びかけて、急遽飲み会を開催することもできる。「コーヒーミーティング（CoffeeMeeting）」などの、空き時間にお茶をする相手を簡単に探せるアプリなども出てきた（55頁図３参照）。

これは単に技術が発達して便利になったから、ということではない。

ここで、付加価値の話に戻そう。人は遠隔でコミュニケーションがとれるようになればなるほど、人と直接会おうとする。それは、出会いに付加価値を求めるからだ。

電話での連絡、そしてネットでのコミュニケーションがコモディティ化したとき、人は直接会って話す経験をより重要なものに位置づける。人に会うことで、ほかと差をつけようとするのだ。ビジネスで言えばコモディティ化していないそこだけの情報を得ることで、独自の発想のヒントにしたり、さらに他の人とつながったりという差別化が図れる。プライベートであっても、直接会うことでその相手との関係性を深めることができる。ネット上でコミュニケーションをとっているだけの「友だち」よりも、より近い存在になれるのだ。

文字情報の伝達という意味では、対面も遠隔コミュニケーションもそんなに変わりはない。しかし、場の雰囲気、声の強弱、目線、話のニュアンス、相手との心の距離感など、そういった非言語の部分は、まだまだ遠隔コミュニケーションでは共有できない。京都大学野生動物研究センターの幸島司郎教授の研究によれば人間だけに「白目」があるのは、視線を強調する狙いがあるのではないかという。白目によって、人は相手の気持ちや考えを読み取ることができるようになったのだ。何ミリかの黒目の動きからでも、人はたくさんの情報を得ることができる。こういった微細な息遣いまで伝えてくれるようなバーチャルリアリティのコミュニケーションツールは、まだ実現していない。

そしておそらく、そういった技術が実現しても、人は直接人に会おうとするだろう。出会いにしか、本当の価値が生まれないことを無意識に感じ取っているからだ。

図３　「コーヒーミーティング」の画面

技術によってさまざまなことがコモディティ化していくと、人は自分だけの体験を求めて一層のリアルを志向するようになる。

＊1 総務省『平成18年社会生活基本調査』「国民の生活時間・生活行動に関する結果」〝表1 男女、ふだんの就業状態、曜日、行動の種類別総平均時間の推移（15歳以上）〟 http://www.e-stat.go.jp/SG1/estat/List.do?bid=000001027249&cycode=0

＊2、3 総務省『平成25年版 情報通信白書』「インターネットの利用動向」 http://www.soumu.go.jp/johotsusintokei/whitepaper/ja/h25/pdf/n4300000.pdf

＊4 総務省『平成24年度ＩＣＴ基盤・サービスの高度化に伴う利用者意識の変化等に関する調査研究』 http://www.soumu.go.jp/johotsusintokei/linkdata/h24_06_houkoku.pdf

＊5 1901年に報知新聞が正月に連載した特集記事『二十世紀の預言』で言及。

第2章 時間価値の経済学

時間資本主義とはなにか

この本では時間資本主義というものを提唱していく。それは、現代で希少価値が高まっている時間を資本ととらえて、経済や社会の流れを見る新しい試みである。

時間資本主義の世界で、人々は「時間価値」という観点から、商品やサービスを選ぶようになる。私たちは今後、なにをするにも時間という概念から逃れることはできない。だからこそ、逆説的だが、時間制約という枠組みから、心理的に脱却できるような商品・サービスを求めるようにもなるのだ。

これまでも私たちは充分、時間を考慮してさまざまな行動を取ってきた。しかし、結局は価格を基本にしていたところがあっただろう。これからは、さらに時間を重要なファクターと位置づけて、経済活動に組み込んでいくことになる。

しかし、時間というものは正負両方の面を持っている。例えば、時間の短縮にお金を払う場合もあれば、そこにいる時間を確保するためにお金を払う場合もある。無駄な時間は短くしたいが、楽しい時間・生産性の高い時間は長くとりたい。時間の持つ性質は真逆の場合があるため、その価値をとらえるのが難しい。

まだ、金のほうが単純なので考えやすい。金はなにか価値のあるものと交換するためにある。または、それを元手にさらに金を増やすためにある。

しかし、時間はただ平等に流れているものである。価値を生み出すこともあれば、生み出さないこともある。そして、**「時間資本」**といっても、それを貯めこむわけにはいかない。ミヒャエル・エンデの『モモ』に出てくる「時間貯蓄銀行」は現実には存在しないのだ。

Aさんの持つ1000円とBさんの持つ1000円。それによってなんの商品・サービスを受け取るかの違いはあれど、社会的に交換できる価値に大きな変わりはない。しかし、Aさんの持っている1時間とBさんの持っている1時間は、まったく違う価値を生む可能性がある。その1時間で労働したと考えても、Aさんの時給が1万円でBさんの時給が1000円ということはありうる。生み出す金銭的価値に10倍も差がつくのだ。単純に「1時間の価値」といっても、無限に近い選択肢が存在する。

「時間価値」という言葉も、２つの解釈ができるのがまたややこしい。「この時代、時間価値がますます高まっている」という場合には、自由な時間が手に入りにくくなることによって、時間そのものの価値が高まっていることを表す。この場合の「時間」は、時間という概念のことで、「時間の価値」が高まっているということだ。経済学の原則として、希少であればあるほどその価値は高まる。

しかし、「あなたの時間価値を高めるためになにをすればいいのか」という使い方をするときの「時間価値」には、その時間によって生み出される価値、という意味が含まれている。この場合の時間は、あればいいというわけではなく、なにか有意義なことに使われることで初めて価値が高まる。

今後出てくる「時間価値」という言葉は、後述の意味で使われていることが多い。その時間でなにができるのか。またその時間が「コンフォート（快適）」なのか、「ストレスフル（不快）」なのか、という観点で時間価値は決まってくる。

商品の価格決定メカニズムの歴史

私たちは商品やサービスを購入する際、従来は当該商品やサービスの価格というシグナルを目安に購買行動を行ってきた。市場メカニズムにおいて価格がシグナルとなり、需要と供給が調整されるというのは自明の理であり、何人たりとも中長期的にはこのメカニズムから逃れることはできない。しかし、今後は、価格と需要・供給が決定される際に、「時間価値」という新しいパラメータが入ってくることが予想される。そこで、具体的な実例の話を始める前に、改めて経済理論の歴史の文脈に沿って、この「時間価値」がどのようにとらえられるべきかをおさらいしておきたい。

　商品の価格設定の歴史は「労働価値説」から始まる。それは、人間の労働が価値を生み、その労働が商品の価値を決めるという考え方だ。１７７６年に『国富論』を出版した経済学の父、アダム・スミスは商品の生産に投下された労働によって価値を規定する「投下労働価値説」と、商品の価値は、その商品でその人が購買できる・支配できる他人の労働量に等しいという「支配労働価値説」の２つの観点を示した。

　この労働価値説の考え方は、自由貿易を支持した古典派経済学の経済学者、リカードに受け継がれる。そして、マルクス経済学の時代になっても、労働が商品の値段を決めるという考え方は変わらなかった。マルクスは「労働」と「労働力」を概念的に区別して定義し、資本家は労働者からしか剰余価値を生み出せないと説明した。

　同じ労働量が投入されたからＸｋｇの小麦とＹｍの綿布は同等にＺｇの金と交換可能であり、その金で表されている商品の価値を「価格」とする。

では、そもそもの労働力の価値はどうやって決まるのだろうか。

それは他の商品と同じように、労働力を生産するのに必要な費用の合計で決定される。次の日も働ける状態を維持するのに必要な、生活手段の価値の合計で労働力の価値は決まるということだ。実際には、働ける状態を維持するために必要な生活費がいくらかは、物価や地価などによる。ところが労働価値説では、その物価は労働力の価値で決まることになっている。これでは堂々めぐりだ。

「これくらいの労働力が投入された商品は、これくらいの値段であるべきだ」というのは、売り手の論理である。この論理は結局、労働力の価値は需要と供給、つまりマーケットによって決まるといった瞬間に大きな矛盾を抱えることになる。

とはいえ、労働価値説はいまだに根強く、物の値段は原価（材料費や人件費など）＋利益で設定されていると考えている人も多い。「原価がこんなに安いのに、こんな値段がついているなんてメーカーのぼったくりだ」などという言説をいまだに耳にする。そういう人は、2世紀前の古典派経済学の考え方にとらわれているのだ。メーカーに価格決定権などない。物の値段は需給で決まる。

この、需給で価格が決まるという考え方は、1870年代の「限界革命」から始まっている。「限界革命」とは、オーストリアのメンガー、フランスのワルラス、イギリスのジェヴォンズという国籍の異なる3人の経済学者が、ほぼ同時に「限界効用理論」を樹立したことを指す。左頁の図4はそのグラフである。

「効用」とは、商品やサービスの購入・消費によって得られる満足度のようなもので、それは、追加で購入・消費していくにつれて減っていく。この考え方を「限界効用理論」という。

1杯目のビールより、2杯目、3杯目のビールの満足度のほうが下がっていく（限界効用の逓減）、と言えば実感がわきやすいだろうか。そうして満足度が低下することで、物の価値そのものが下がっていく。人がそれをほしがらなくなるからだ。たとえ当該商品を一単位生産する際の労働量が一定であっても、効用が下がれば需要側から見た価値も下がってしまう。そして、需要側から見た価値が下がれば、供給量が一定であれば価格も下がる。

限界革命以降、需要や供給の変化を数式やグラフで表すことが可能になり、物の価格が数学的に算出されるようになった。商品の値段は消費者が価値を認める満足度と、供給の量のバランスによって決まる。これが現代まで続いていた、価格の決定方法だった。しかし、時間資本主義の時代には、また新たな考え方が導入される。「時間価値」である。

図４　限界効用逓減の図

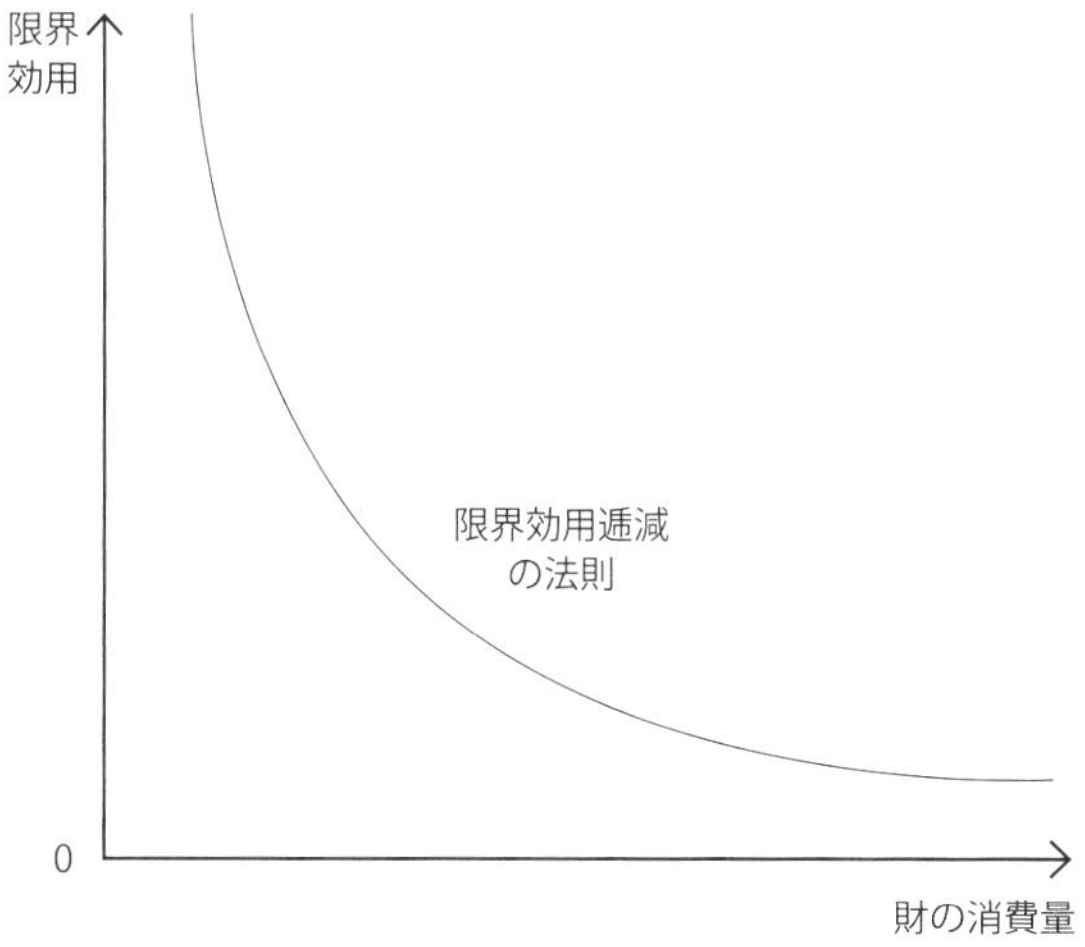

時間資本主義の経済学

時間資本主義の時代においても、需要と供給で価格が決まるという原則は変わらない。しかし、これからは物やサービスを選ぶ際に、「時間価値」という新しい選択要素が組み込まれる。価格とその物・サービスから得られる満足度が見合っているだけでなく、時間制約から抜け出せる付加価値を提供する物・サービスほど需要が高まり、価格は上がっていく。

これまでも時間価値の観点から商品を選んでいた人はいただろう。そういう人にとっては時間がさらに重要な価値になり、またさらに多くの人が時間価値に注目し始めるということだ。加えて、従来は時間価値の観点といっても「かたまり時間」をベースに需要行動が決められていたが、今後は「すきま時間」をも含めて需要行動が影響されるということが決定的に異なってくる。

今後は、以下の2つの時間価値が商品選択に関わってくると考えられる。

1．その物やサービスを使うことによって時間が短縮でき、有意義な時間が生み出される＝「節約（saving）時間価値」

2．その物やサービスを利用することによって、有意義な時間が生み出される＝「創造（creative）時間価値」

前述のすすぎ時間が短縮できる洗剤は1にあてはまる。家事などの時短グッズはこのカテゴリだ。また、自分のためにパーソナライズ（個人最適化）した情報を提供してくれるニュースアプリなど、選択の時間を短縮するサービスもここにあてはまる。業態で言えばコンビニエンスストア（コンビニ）が提供しているのも1の時間価値だ。

2は移動時間で考えるとわかりやすい。タクシーを使って移動時間を短縮するのは1の時間価値だが、2は電車や飛行機で移動する時間を有意義なものに変えてくれるような商品のことを指す。また、2の時間価値は空間と密接に関わっている。例えば、スターバックスのようなカフェで提供しているのは、コーヒーだけでなく落ち着いて仕事のできる空間、ひいては時間だとも言える。人々はそこで心地よい時間を過ごすためなら、コーヒー1杯と考えると割高な値段だったとしても、積極的にスターバックスにお金を払う。

1と2の時間価値をどちらも享受できるサービスも存在する。「ここに行けば間違いない」と評判のレジャー施設や旅館などは、選択の時間を節約できる上に、そこで滞在する時間を充実させることができる。

こうして、さまざまな物・サービスに対し「これはどれだけの時間価値があるのか」と考えて選択するようになるのが、時間資本主義の特徴だ。

時間資本主義時代の価格決定メカニズム

これまでの時代の消費者は、商品の提供する価値に対して代金を払っていた。商品と商品価格の代金を交換していたのだ。時間資本主義の時代には、商品の代金にプラスして、消費者が享受する時間価値の対価を払うようになる。

その対価は1の時間価値で言うと、当該商品を購入・使用することで、労働や余暇時間に振り向ける時間が増え、賃金や精神的満足度を引き上げられたことに対する価格である。当該商品を購入するときに節約できた時間の分も、対価が発生する。

追加の代金を支払うことで、手続きの時間が短縮されたり、行列に並ばなくてよくなったりすれば、それは時間価値を買ったことになる。オンライン通販サイト、アマゾン（Amazon）の年会費3900円で、注文当日や翌日に配達される「お急ぎ便」などを利用できるアマゾンプライムはその典型と言えるだろう。

2の時間価値の対価は現状、物やサービスの代金に含まれていることが多い。ただ、今後はその時間価値を意識的に商品として打ち出し、お金を取るというビジネスも増えてくるだろう。ほかのサービスよりも、有意義な時間が過ごせることをセールスポイントとして、その付加価値の対価を上乗せする。それでも、お金を払いたいという消費者は潜在的に多く存在しているはずだ。

もしかしたら今後は、物・サービスそのものの対価よりも時間価値の対価のほうが大きい商品が現れるかもしれない。第2部では、現状で時間価値を売り物にしている物・サービスや、今後考えられるビジネスについて解説する。

第3章 価値連鎖の最適化から1人ひとりの時間価値の最適化へ

消費者の時間価値総和の極大化という新しいミッション

俯瞰的に見ると、時間資本主義の時代においては、すべての商品・サービスが、ジャンルを問わず他のすべての商品・サービスと競合すると言える。それぞれが奪い合うものが同じだからだ。それは、消費者1人ひとりの24時間という時間である。逆の視点から見ると、消費者が自分の24時間という時間を、さまざまな商品・サービスの価格とそれを購買することで得られる満足度（時間価値の充足を含む）を比較しながら、配分していくことになる。

これはテレビ局が自らの番組枠を、番組枠のバリュー（時間価値）を極大化するようイールドマネジメントして、番組スポンサーに売却する構図と相似形になっている。

イールドマネジメントとは、需要を予測して、最適なタイミング・価格で、適切な顧客層に商品・サービスを販売する手法のことを指す。これによって、利益を最大化することができる。

テレビ局の場合は、このマネジメントの詳細な戦略は広告代理店が担ってくれる。しかし、私たち消費者は自分で、どの企業のどの商品・サービスをどのタイミングで購入することが、時間価値を極大化してくれるのかを考えなければいけない。もちろん、将来的には、テレビ局にとっての広告代理店のようなサービスが出てくるのかもしれないが。

そして、番組スポンサー、つまり各企業側は時間価値をなるべく高められる商品・サービスを提供することに力を入れていかなければいけない。これまでとはまったく違う経営戦略が求められるようになるということなのだ。

ここで難しいのは、時間価値は各人がバラバラであり、中央値的な平均に何の意味もないことである。各人の時間価値が極めて似通っているのであれば、平均的な時間価値を高めるような商品・サービスを提供すれば、圧倒的な勝ち組企業となりうる。

しかし、各人の時間価値は、各人の生活スタイルや価値観などの投影図であり、しかも各人が年齢を重ねるごとに各人ごとに変化していくものである。生活スタイルや価値観は、その時その時の世相や事件などにも影響を受けてしまう。不幸な天変地異や事故の後は、金銭的満足度よりも、家族や友人との時間を大事にしようという動きが出たり、年齢を重ねることで価値観が大きく転換したりすることなど、各人の生活スタイルや価値観（ひいては時間価値）に影響を与える事例は枚挙にいとまがない。しかも、影響を与える事象が起こることを予測することも困難である。各人の時間価値は、複雑系の動きであり、法則性や予測性に乏しいのである。

こうした時間価値が極端に多様化し、不規則に変化していくさまは、現在のテレビ局や広告代理店が抱えている問題と相似形ともいえる。ひと昔前であれば、消費者の嗜好を先導するのがこれらメディア関連企業であり、平均的な消費者像を想定したマーケティングが十分に機能していた。そして、そのマーケティングに対する対価も、ビデオリサーチなどによる視聴率という仕組みを中心に、（少なくとも擬似的には）わかりやすい仕組みの上で、すべてのプレイヤーがビジネスをしていた。しかし、消費者各人のライフスタイルや価値観が多様化するなかで、平均的な消費者像が霧消し、テレビ局や広告代理店も新たな仕組みづくりの対応が迫られている。

同様に、すべての企業にとって、平均的な消費者像・ユーザー像が崩れてきているところへ、時間価値という新たなパラメータが各商品・サービスの価格や販売数量に影響を与えるようになった今日では、消費者の時間価値という視座を十分に取り入れた企業戦略を行う必要がある。

そして、その戦略が対応しなくてはならないものは、日々流転する多元的複雑方程式であることを十分に理解しておかなくてはならない。

バリューチェーン効率化の意味が薄れる

時間価値が消費者の行動において重要なパラメータになってくると、企業行動の目指すものが大きく変わってくる。具体的には、バリューチェーン（価値連鎖）の効率化価値の希薄化である。バリューチェーンという考え方では、企業は、人事・労務管理、技術開発などの支援活動から、製造、出荷物流、マーケティングなどの主活動まで、すべての活動において付加価値をつけ、利益を最大化する。

バリューチェーンの効率化は、これまでの製造業・流通業の経営戦略では当たり前のこととされてきた。企業はバリューチェーンを効率化することで、コストを削減し他社よりも低価格にする。スーパー、コンビニに並べる１００円のジュースを90円、80円にするために企業はしのぎを削ってきたわけである。それにより、市場での優位性を保とうとしてきた。

製造業は、原料調達の効率化を志向し、製造工程の簡素化を行い、在庫水準の適正化や削減を行い、一連のバリューチェーンのぜい肉をそぎ落とす努力を継続的に行ってきた。それが企業競争力の源泉であり、消費者に支持される唯一無二の方法だったからだ。また、流通業でも、ダイエーのかつてのグループミッション『良い品をどんどん安くより豊かな社会を』に象徴されるように、川中や川上も含めたバリューチェーンを効率化することこそが、レーゾンデートル（存在理由）であり、勝ち組企業として名乗りを挙げる必須条件でもあった。

しかし、100円のジュースを90円にする努力は、意味がなくなるかもしれない。少なくとも、これまでほど売り上げの増加につながらなくなる時代がやってくる。

良い物をより安く売るのは、大量生産・大量消費の時代に求められた仕組みだった。しかし、もう「モノ」は飽和し、安くて良い物はみんなに行き渡ったのだ。

問われているのは「時間価値」だ。消費者の時間価値志向は急速に高まっており、ちょっと安い商品を買うために、多くの時間を使ってわざわざ遠くの店に行くことは少なくなってくる。また、調理に時間のかかるような食べ物は、パーティなどハレの日を別にすれば、好まれなくなる。片づけが面倒な包装も嫌がられるようになる。

例えば、会社員のAさんが昼休みにランチを買いに行くとする。Aさんは忙しく、昼もあまり時間がないので、外食ではなくなにか買ってきて食べようと考える。そのとき、テイクアウトできる店を検索する時間、店とオフィスを往復する時間、買ってきて包装物を開ける時間、食べる時間、食べた後のゴミを片付ける時間、このすべての時間価値の総和を最大化してくれる商品はなにか。そんなふうに考えるようになる。Aさんは、ただ安いから、おいしいからという理由だけでは商品を選ばない。

時間価値の最大化、という観点で商品開発から流通まで、さまざまなシステムを再編しなければいけなくなるのだ。大量生産、大量物流、大量陳列、週末まとめ買い、チラシをベースにした安い物探しなど、戦後の日本の製造業・流通業の企業行動の前提条件だったものが、時間価値最大化という命題の下、大きく崩れ雲散していくことが予想される。

価値は時間効率化と時間快適化の二方向へ

先に「**節約時間価値**」と「**創造時間価値**」という2つの時間価値について解説した。これはつまり、「**時間の効率化**」と「**時間の快適化**」という二方向の時間価値があるということだ。

先ほどのランチのテイクアウトの例を考えると、コンビニではそれぞれの時間が非常に短縮されていることがわかるだろう。弁当を買うにしても、スーパーマーケットで買うのと、コンビニで買うのとは、いくつものポイントで時間の効率化に違いがある。店まで歩く時間、目当てのコーナーにたどり着くまでの時間、混雑時にレジに並ぶ時間、袋につめる時間。どれもがコンビニでは短縮されている。つまり、コンビニとは、いままでのところ「節約時間価値」を提供することで成長してきた業態と言える。

郊外型のショッピングモールは一見、時間効率化の価値を提供しているように見える。ひとつの場所に、食品、洋服、雑貨、本などさまざまなショップが集められ、映画館まで併設されていることもある。そこに来れば1回ですべての買い物を済ませ、娯楽を楽しむことができる。勃興期の郊外型ショッピングモールは、「節約時間価値」でもよかったのかもしれないが、今後はどうだろうか。

実際、購買行動を細かく見ていくと、意外と「節約時間価値」が低いことがわかる。まず駐車場に車を止め、そこからショッピングモールまで少し歩く。また、ショッピングモール内も広々としていて、端と端の店に用があったときは、かなり歩かなければいけない。目当ての物がどこで買えるかひと目でわからないため、店内マップを見たり、直接店に入って探したりしなければいけない。つまり、時間の無駄が多く、「節約時間価値」が低いのだ。会社帰りに駅ナカのこぢんまりとした店と近所のスーパーで買い物をするほうが、時間を短縮できるかもしれない。

というわけで、ショッピングモールは時間効率化ではなく、快適化の価値、つまり「創造時間価値」にシフトしたほうがいいというのが私の意見だ。買い物自体をエンターテインメントとして演出し、楽しい時間を提供する。それならば、わざわざ足を運ぶ時間価値がある、と思ってもらえる可能性はある。

特に、子どもにとっては魅力的で「創造時間価値」を提供できる場所になるだろう。子どもが遊んでいる間、親も安心して自分の用事を済ませ、子どもを見ながらゆっくりお茶ができるような場所があれば、大人にとっても時間の快適化ができる。

効率化はなるべく使わせる時間を短くする。快適化はそこで過ごす時間が長ければ長いほど価値を発揮する。「節約時間価値」と「創造時間価値」という真逆の2つの価値を、どこでどう提供できるかを考えていくのが、時間資本主義時代のビジネスのポイントだ。

パーソナライズか、テイラーメイドか

時間資本主義の時代のもうひとつの側面のキーワードは、パーソナライズ（個人最適化）とテイラーメイド（注文仕立て）だ。

パーソナライズは、ITの発展に密接に関わっている。いまやグーグル（Google）の検索結果だって、自動的にパーソナライズされている。パーソナライズは今後ビッグデータの活用で、ますます精度が上がり、同時に汎用化されていくだろう。

いまはまだ、オンラインショップのレコメンド（推奨）が的はずれだったり、ニュースのキュレーションアプリ（あらかじめ選別された情報を提供するサービス）では読みたい情報が網羅しきれなかったりする。しかし将来的には、オンラインショップのトップページには自分のほしいものばかりが表示され、知りたい情報が過不足なくプッシュ通知でスマホに届く、という未来がやってくるだろう。それによって私たちは、選ぶ時間を短縮し、より間違いのない選択をすることができるかもしれない。

ともすればそれは、世界を狭め、未知の楽しさと出会う可能性を絶つことにもなる。パーソナライズされた情報のみで生活すると、うっかり入ったレストランがすごくおいしかった、逆にまずくて話のネタになるほどだった、などという偶然による体験は起こり得なくなる。

しかし、効率化による時間価値の向上を追い求めるというのは、そういうことなのだ。ここに、時間資本主義時代のジレンマが表れている。時間資本主義に沿った行動を取れば取るほど、人生の豊かさが失われていく。そんなことになりかねない。そのジレンマの解消については、後述したい。

また、テイラーメイドは、安くて良い物がみんなに行き渡った時代に求められるサービスだといえる。教育、医療、食品など、現在は、個人の特性や遺伝情報に基づいたサービスがビジネスとして立ち上がってきている。時間価値の観点から言えば、テイラーメイドが実現するのは、時間の快適化だ。自分に合った、自分だけのサービス。これが、今後の時間価値ビジネスのポイントになる。

空間の拡張・共有と時間価値

時間の過ごし方と空間とは、切っても切り離せない関係にある。時間価値を考えるとき、自ずと空間の問題も取り上げることになる。

すべてにおいて時間効率を上げ、時間の短縮を図るということは、移動時間も対象になる。そうなると、長い通勤時間などはまっさきに短縮すべき対象だ。短縮できない場合は、快適化の方向で時間価値を上げることになるのだが、ここでは短縮できるものとして議論を進める。

通勤時間を短縮しようとすると、多くの人が勤務先近くの都市に住むことになり、都市の人口密度が上がる。そこで人々は、人の多い空間でもストレスない時間を過ごせるような工夫をし始める。

電車でスマホに夢中になっている人や、カフェの小さな机でノートPCを広げ熱心に画面を見ている人は、周囲をシャットダウンして、意識の中で自分だけの空間を作り出しているとも言える。人口が過密になると、ストレスを避けるためのツールが必要になってくるのだ。そうして、擬似的に空間の制約を取り払おうとする。

擬似的に空間の制約を取り払う工夫のひとつには、さまざまな場所を共有して使うことも挙げられる。公共の場を仮想リビングや仮想オフィスに見立てれば、広い空間で快適な時間を過ごせる。空間に関連した時間価値の向上については、第4部で詳説する。

第1部まとめ

・情報通信技術の進展につれて人々の働き方が変化し、「すきま時間」の価値が急速に高まってきた。
・商品やサービスの価格には、消費者が享受する「時間価値」が含まれるようになる。
・時間価値には「節約時間価値」と「創造時間価値」の2つがある。

第2部

時間にまつわるビジネスの諸相

第4章　時間そのものを切り売りする

「すきま時間」×「スマホ」＝「時空ビジネス」

第1部でふれた通り時間資本主義の世界では、「すきま時間」の重要性が高まる。

従来も「すきま時間」は個々人に毎日発生していた。しかし、それは取るに足らない瞬間であり、無自覚に捨てられ、忘れ去られていた時間だった。

各人に数分～10分程度の「すきま時間」が発生していることは、他者には明確にはわからないし、知らせる必要もなかった。「すきま時間」を生産的にするツールもなく、生産的にしたいという自らの意図もなく、ただただそうした時間は特に定義を与えられることもなく、文字通り流れていく時間であった。

しかし、スマホと各種ソーシャルメディアの登場によって、「すきま時間」が生産的になり、価値のある時間へと突如転換した。スマホは携帯が前提であるため、各人がどのように移動しようとも、その際に発生するほぼすべての「すきま時間」の有効活用を可能とする。しかも、ソーシャルメディアの発達によって、各人が自らに生じた「すきま時間」を自らで消費・利用するだけでなく、他者と共有・交換することでさらに価値を高める世界が生まれ始めているためである。

これは流行りの金融用語で言えば、「すきま時間」のレバレッジであり、「すきま時間」のマネタイズである。身も蓋《ふた》もない言葉で表現すれば、「すきま時間」が「金」になるということである。

スマホがない世界では、街中や仕事中に意図せざる形で「すきま時間」が発生したとしても、その事実を他者に知らせる術さえなかった。せいぜい、電話で特定少数の人間に「ちょっとこれから10分時間が空いたんだけど……」と知らせることぐらいしかできなかった。

しかし、スマホ登場後の世界では、既知の友人・家族だけでなく、不特定多数の人に対して「すきま時間」が発生したという情報を瞬時に共有でき、同時に「すきま時間」が発生してつながりを求めている人同士でコミュニケーションをとることも可能となった。あるいは、その「すきま時間」でビジネスをしたり、他者の「かたまり時間」と共有・交換を志向したりする動きも出てくる。

つまり、スマホの登場によって、個人という閉じられた世界で「すきま時間」が価値の光を放ち始めただけでなく、価値ある「すきま時間」を個人という枠を飛び越えて他者と接触・交換することで、各人の「すきま時間」の価値を実質的なものにしたり、より高次の価値に転換したりできるようになったのである。

また、発生した「すきま時間」を他者と共有・交換するプロセスでは、その共有や交換の場所や空間の提供が必要となってくる。これは、物理的かつ直接的なフェイス・トゥ・フェイスのコミュニケーションもありうるし、オンライン上でのつながりもありうる。

つまり、「スマホ」と「すきま時間」が掛け合わさり、従来にはなかったスピードと頻度と偶発度を内包した「空間」に伴うビジネスが生まれてくるのである。「時間」の問題は、「空間」の問題と同値と言える。日本語の熟語には、「**時空**」という言葉があるが、言いえて妙である。

各人の「すきま時間」の共有・交換という考え方自体は、実はすでに異なった形で大きな産業となっている。それは金融業である。

金融業とは、読んで字のごとく、お金を持っている人からお金を必要としている人に対して、お金を融通するという生業のことである。そして、経済学では、金融によって発生する金利を「時間選好」という言葉で表現する。具体的に言えば、お金を他者に融通する人は、いま現在のお金よりも将来受け取るであろうお金を選好しており、時間という概念で言えば「将来」を選好している。一方、お金を融通してもらう人は、「現在」のお金を選好している。換言すれば、金融とは、将来受け取るお金と現在受け取るお金の交換であり、各人が保有しているお金の価値に関する時間感覚や時間選好の交換行為である。

たとえば、正月に親や親せきからお年玉を合計1万円もらった小学1年生がいたとしよう。この小学1年生が手に入れた1万円は、大きな金融マーケットから見れば小さなものであり、金融マーケットにおける「すきま時間」のような存在である。しかし、銀行や資本市場というシステムによって、世界中の「すきま時間」のようなお金が交換され、住宅建設や企業の設備投資資金などへお金が融通されることになる。

現代では、こうした金融さえも、伝統的な銀行や資本市場という仕組みだけでなく、「すきま」のお金に焦点を当てた仕組みが現れている。

従来はクレジットカードで商品を購入する際、取引ごとにクレジットカード会社に手数料が払われていたが、コンテンツのオンライン取引が中心になった現在では、少額取引の際に取引ごとに手数料を払うのが合理的でなくなっている。このため、一定の取引額になるまで支払いをまとめてその後に決済を行うマイクロペイメントという仕組みが生まれている。

あるいは、お金を必要としている人が、ネット上でお金を投資・融資したい人から資金を集めるクラウドファンディングという仕組みも生まれている。いずれも、従来ではビジネスの対象にならなかったような小さなかたまりのお金を集合させて、金融する仕組みである。時間もお金も、「かたまり」でなく「すきま」に焦点が当たるようになった21世紀において、こうした「すきま」の活用がひとつの大きな方向性、必然の流れとも言えよう。

「すきま時間」の価値向上、スマホの登場、空間あるいは「**時空ビジネス**」は、金融という大きな仕組みの中で成り立っている金融機関や金融サービスなど多種多様なプレイヤーやサービス同様に、今後多面的かつ多種的な発展を見せることが予想できる。

第2部での重要なキーワードは、「**すきま時間**」vs「**かたまり時間**」という時間の長さの概念に加えて、「**時間の効率化**」vs「**時間の快適化**」という時間価値の追求方法の相違である。そして、これら2つの方向性で生まれる価値こそ、前者が「**節約時間価値**」であり、後者が「**創造時間価値**」なのである。それらの関係をまとめると左頁の図5のようになる。

図5　時間価値の考え方

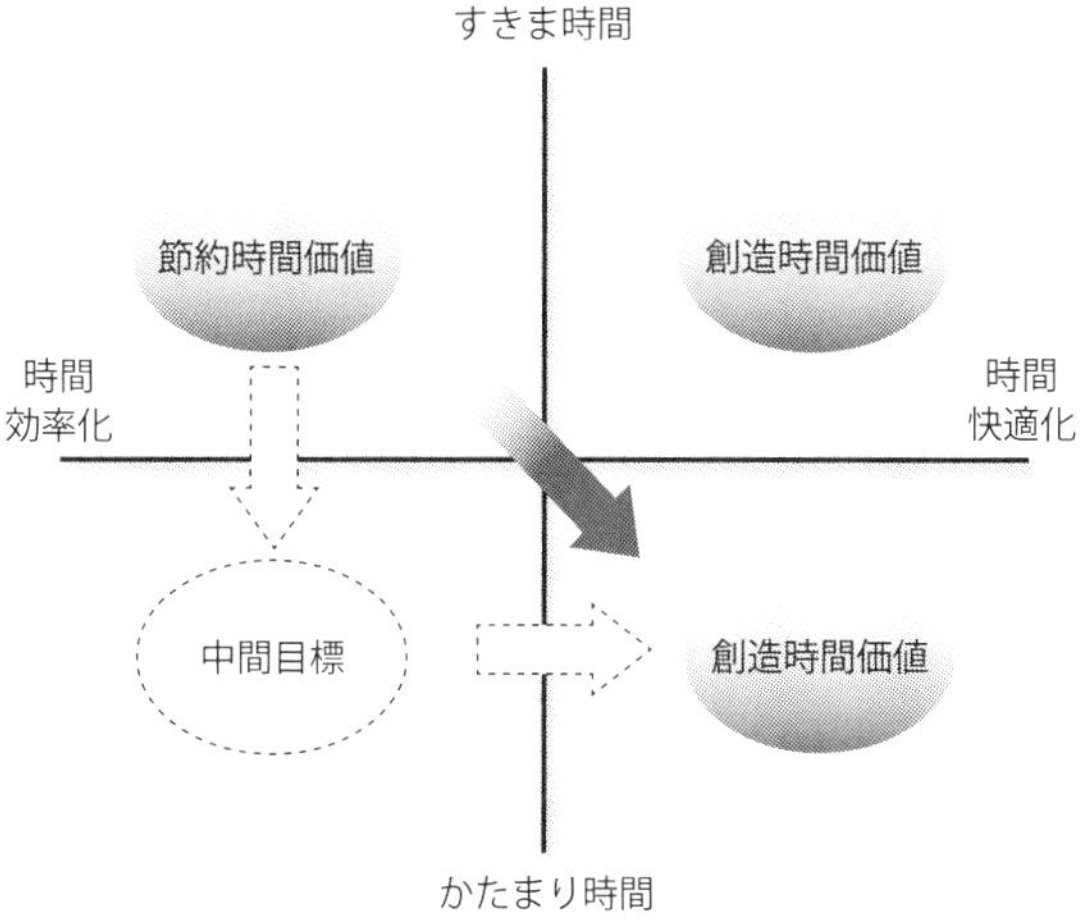
すきま時間
節約時間価値
創造時間価値
時間
効率化
時間
快適化
中間目標
創造時間価値
かたまり時間

「すきま時間」をうまく使えるようになった私たちは、そこで生まれた活用可能な時間を「効率的に」物事を進めて時間価値を高める方法も志向する。なんとなく面倒なことやお金のかかることを、簡単にさくっと済ますという方向性である。一方、生まれた活用可能な時間を舌の上で転がして味わい尽くすように「快適に」過ごす時間を志向して時間価値を高める方法もある。

時間価値を高めるこの2つの方向性は追求価値が真逆を向いており、その両方を明確に認識して価値追求をしていく必要がある。そうでなければ、単に効率化だけを追求する空虚な連続作業に陥ってしまうからである。じっくり論理的に考えてみよう。

従来は利用が困難であった「すきま時間」が、スマホなどを使うことで、「すきま時間」自体の「効率化」や「快適化」が可能となる。結果として、「すきま時間」からは、前者からの「節約時間価値」と後者からの「創造時間価値」という2種類の時間価値が生まれると考えられる。具体的には、私たちに生じる「すきま時間」を他の人に切り売りしたり、「すきま時間」を効率的に使って自らの行動を選択したりすることだ。あるいは、時間価値が高まっている状態の人の「すきま時間」と、時間価値が低い状態の人の「かたまり時間」とを交換することで、両者にWin-Winの状態を作ることが可能となる。また、「すきま時間」の代表格である移動時間を有用なものにしたり、他の人と「すきま時間」を共有したりすることも、これに含まれる。

一方、「すきま時間」の「効率化」の動きによって負の時間が縮小できるのであれば、「かたまり時間」は「快適化」に向かうべきであり、結果として「創造時間価値」を追求する方向に向かうべきだろう。「時間の効率化」だけを追求していく1日、あるいは「時間の効率化」だけを追求していく一生とは、それ自体何の目的も持たない空虚な時間の使い方となってしまうからだ。

あくまでも、「時間の効率化」によって追求される「節約時間価値」とは手段あるいは中間目的に過ぎず、最終的に自己目的化すべきターゲットではない。やはり、人生を彩り豊かにするという一般的な人間が抱くべき最終目的は、「時間の快適化」を伴った「創造時間価値」の獲得を前提に考えるべきではないだろうか。

時間をこま切れにして売る

まずは、「すきま時間」の価値が高まっていく世界で伸びるビジネスについて考察してみよう。それは、時間の効率化を進めるビジネスもあれば、時間の快適化を商品とするビジネスもあるだろう。また、そのビジネスが成り立つ背景には、情報技術の進歩や空間といった要素も絡んでくる。

はじめに、わかりやすく象徴的な例で言うと、自分の時間そのものを商品にする人が現れると考えられる。時間が余っている人が時間のない人、時間をほしがっている人、「すきま時間」しかない人のために、自分の「かたまり時間」を売るのだ。例えば、何かを買うための行列や病院の受付の順番を待つ列に、代わりに並んで「かたまり時間」を消費して順番というオプションバリューを獲得し、「すきま時間」しか使えない人にオプションを売却することで対価を得るということが、今後増えるかもしれない。

それは中国では当たり前に行われていることでもある。2014年秋のiPhoneの新モデル発売時に、中国では販売されないからと、日本のアップルストアにたくさんの中国人が並んだ。この人たちは、実際にiPhoneを使うわけではない。中国にいるiPhoneがほしい富裕層から金をもらい、代わりに並んだのだろう。中国では、おそろしいほど待たされる病院の受付票をもらうために並び、早い順の受付票を転売するということもよくあるそうだ。

これは何も珍しいことではない。先日、高度経済成長期の日本の写真集を見ていたら、大阪駅の前で回数券を買い、それをバラで乗客に売却することでわずかなお金を得るというビジネスをしている多数の婦人の写真があった。これは現代のコンテクストから言えばビジネスと呼べるものではないかもしれないが、戦後の低所得層の女性として数少ない可能な仕事のひとつであったのであろう。ほんのひと昔前でも日本では普通に行われていた「かたまり時間」と「すきま時間」の交換という原始的なビジネスである。

ただし、人のために並ぶことに「かたまり時間」を使う人と、「かたまり時間」の浪費を避けて「すきま時間」で対応して、結果として自分のために時間を使い生産性を伸ばしていく人とでは、今後どんどん収入格差が増えていくだろう。時間の使い方で勝者と敗者がはっきりと分かれていくのが、今後の社会だとも言える。

また、並ぶことを本業にしなくとも、自分の空いた時間を利用して、ビジネスを始める人が出てきてもおかしくない。アメリカでは、「ウーバー（Uber）」という配車サービスが普及しつつある。これは、ただタクシーをアプリで呼び出せるというだけでなく、さまざまな種類の配車サービスを展開している。日本ではまだ展開していない「ウーバーX」というサービスは、一般ドライバーがタクシー運転手になれるというものだ。簡単な審査を受け、これに登録すると、自分の保有する車を使ってすきま時間に稼ぐことができる。これは、自分の時間を他人の運転手として切り売りしている、という見方もできる。乗車する側にとっても、通常のタクシーより低価格なので利用しやすい。

「自分の時間を売る」ということを、ネットのプラットフォームを構築してビジネスにしている例もある。「タイムチケット（TimeTicket）」というサービスでは、30分から最大5時間までの時間を他人に提供できる。その時間の用途は、起業の相談や専門分野のコンサルティング、ランチをともにするなど、人によってさまざまだ。自分で値段をつけた時間を、人に買ってもらうということが、すでに実現している。

こうした「かたまり時間」と「すきま時間」の交換は、生産性が低い人の「かたまり時間」と生産性が高い人の「すきま時間」の交換という、伝統的な生産性格差からくるものだけではない。どのような人でも、1日の中でも一生の中でも高い生産性が必要な時間とそうでない時間が発生する。そうした局面ごとにおいても、他人と時間価値が異なる時間同士をマッチングして交換することで、社会全体で見た厚生が高まる可能性は十分にある。これは交換する両方の経済主体において、それぞれ「節約時間価値」と「創造時間価値」が生まれる。

見知らぬ他人に時間を売る。これは一見リスクが高いように見える。実際、現状ではリスクが大きい部分もある。最終的には、安全性をどう担保するのかということが、こういったサービスの鍵になってくるのだろう。前述のウーバーXでは、乗車後にかならずドライバーの5段階評価を求められる。その評価で4以下となると、登録が抹消される。ヤフー・オークションやアマゾンのマーケットプレイスなどでもそうだが、プレイヤーが増えてくるとこのような評価システムで、安全性や信頼性が担保されるようになっていくと考えられる。

時間と場所をセットにして売る

前述したように、「すきま時間」ができたとしても、それを共有・交換・使用するためには「空間」が必要となる。もちろん、自分の理性や思考だけで「すきま時間」を使って生産的なことができる場合もあるが、基本的にはその時間を使って行為を行う物理的あるいはオンライン上の「空間」あるいは「場」が必要であり、「すきま時間」に関連したビジネスは、「空間提供」と一対になる可能性が高い。

東京・渋谷駅の西口のバスターミナル前にある東急プラザの1階に、時間単位でスペースを利用できる「コインスペース」というサービスがある（ただし期間限定）。料金体系は12分100円で、1500円を払えば何時間でも利用可能だ。これは、時間と場所をこま切れにして売るサービスだと言える。ここで人は、仕事をしたり、デパ地下で買ったものを食べたりと、自由な時間を過ごす。10分以上バスを待つ場合だと、ぼんやり待つ時間が有意義な時間に変わる。ノートPCで一気にメール返信ができることで時間の効率化につなげたり、疲れた足を休めることで時間の快適化につなげたりと、時間資本主義にとてもマッチした業態だと思う。時間の価値に敏感な人ほど、こういった時間の効率化や快適化に、お金を払ってもいいというマインドになりつつある。お金を払うことで得られるのが、メールをする時間を獲得するなどの「節約時間価値」と、疲れた足を休めるなどの「創造時間価値」というわけである。

場所の提供は2つの要因で、時間価値アップが図られる。そもそも、「すきま時間」を有効に活用できること自体、「創造時間価値」は上昇する。ノートPCを使える場所や疲れた足を休めたりする場所として、職場や自宅などがあるが、そうした場所にわざわざ移動しなくても即座にメール送信や足の休養ができるのだから、職場や自宅まで移動する時間の節約も「節約時間価値」上昇に寄与している。加えて、そもそもバスの待ち時間は、従来は何もできない「負（マイナス）」の時間であったわけなので、マイナスから大幅プラスへと時間価値の上昇変化幅は極めて大きくなる。

近年、JR東日本が駅ナカビジネスを拡大しているが、まさに「すきま時間」と「空間提供」をうまく組み合わせた仕組みだと思われる。従来は、電車の待ち時間や乗り換え時間は「すきま時間」であり、有効利用が不可能な時間であった。しかし、その時間に、さまざまな物品を購入したり、食事をしたり、最近では託児サービスを受けられたり、マッサージを受けられたりする。これらはすべて「節約時間価値」と「創造時間価値」を組み合わせたサービスと言える。

駅、空港、停留所など、人々が移動する際に通過するポイントは、人々の「すきま時間」が究極に集積した地域であり、これら集積した「すきま時間」をどのように生産的なものにするかに、大きなビジネスチャンスが眠っていると言える。そして、集積された膨大な「すきま時間」は、金融業のような巨大な情報システムを作り上げることで、「時間の効率化」にも「時間の快適化」にも変化しうる巨大な潜在性を秘めている。

時空ビジネスでネックになる排他性

場所がセットになったサービスの場合、排他性の概念がポイントになる。

排他性とは、文字通り他人を排斥する性質のことであり、平たく言えば物や場所などを誰かが使っていたら、他の人は使えないということだ。小売りと外食の違いとも言える。小売店だったら、Aさんがお惣菜を買っている横で、Bさんもお惣菜を買うことができる。でも、席がひとつしかない和食屋でAさんが食事をしていたら、Bさんはその席が空くまで食事はできない。

『行列のできる法律相談所』というテレビ番組があるが、法律相談所というのは弁護士の数によってキャパシティが決まっており排他性を包含しているため、あまりにもクライアントが集まりすぎると「行列」ができてしまうのだ。外食で行列ができるラーメン屋さんというのはよく聞くが、小売業で行列ができるスーパーはあまり聞かないのは、外食と小売業とでは排他性の有無という本質的な相違があるためである。

この排他性に注目したサービスが、今後増えてくるのではないかと考えられる。例えば、チャーター機の座席のオークション。往復で1席5万円からスタートして、どうしてもその便で行きたい人たちがお金を出し合う。安い席にみなが群がり早い者勝ちで埋まるのではなく、高いお金を出してでも乗りたい人が乗れるような枠が用意される、もしくはオークション形式が導入されていくのではないかと思う。

この考え方は、公平性という観点から「金を払えばなんでもいいのか」「金持ちばかりが優遇されるのか」と反発を受けやすい。よって、導入していない企業がほとんどである。しかし、これによって企業が機会ロスをしている場面は、日常のいたるところにある。

例えば、コーヒーショップで1杯300円のコーヒーを買い、5時間居座っている

Aさんがいるとする。そこに、1000円を出してでも、いまそこに座りたいBさんが来店した。しかし排他性があるため、Bさんはそこに座ることはできない。そう考えると、高い金額を払っても座りたい人のためのスペースを設けることには、合理性があるのではないか。

都市に人口が集中し、狭いスペースをみんなでシェアするようになると、いかにフリーライダー（必要なコストを負担せず利益だけを受ける人）を排除するかということが問題になる。

300円で5時間座っていることが、フリーライドにあたるのか。それは議論の余地があるだろう。ちゃんと商品を買ったのだから、Aさんはそこに座っている権利がある、という主張も当然ありうる。しかし、ビジネスとしては、1000円払ってでも座りたい人のニーズを満たすことも考えていかなければいけない。

フリーライドを排除する仕組みとして、急成長中のレストランチェーン「俺のフレンチ」や「俺のイタリアン」では、着席客は滞在が最大1時間半と決められていて、長時間のフリーライドができなくなっている。これなども、従来のレストランではまったくなかった発想であるが、当該レストランが急成長していることや、真似をする同業が増えていることなどを考えると、今後の新しい動きと言えるのかもしれない。

時間の価値が高まれば高まるほど、その時間にお金を支払ってもいいと思う人は増えていくのだ。その人たちのニーズを満たす仕組みを作れば、もっと1人あたりの売り上げを上げることができる。

現時点での日本では、まだまだほとんどの商品やサービスが、こうした〝公平性〟に基づいた価格体系になっている。しかし、オフとオンの格差料金体系にすることによって、時間価値の異なる人々の時間交換が行われることで、社会全体の満足度が上昇する可能性もある。これは、先にふれた中国で病院の受付票をもらうために列を作る人の時間と、その受付票を買う人の時間の交換と同様に、時間の交換行為である。この時間の交換行為は、極めて原始的で伝統的な社会的厚生を引き上げる有効策であり、私たちの社会で選択肢から除く必要がないものである。

ランチ時間に混む人気店は、午後0時から1時だけ「座り席」での食事料金を高く設定し、逆にこのピーク時間前後では食事料金を安くすることもアリではないか？それによって、時間価値の低い消費者は混雑を避けて安く食事をするようになるし、時間価値の高い人はより高い料金を払うようになる。電車やタクシーなども同様である。乗車率がピークの時間帯、あるいはお盆や正月など混雑時期の料金を高めに設定し、それ以外を大幅に安くすることで、消費者の行動パターンは大きく変わることとなる。これは言い換えれば、消費者の間で時間を交換し合うことであり、社会全体でみた時間価値は上昇する。

小売業であっても、眼鏡小売りやスーツ小売りは、完全なセルフ販売ではなく、店員が眼鏡のフレームを調整したり、スーツの裾を測ったりしており、実は店員の数がボトルネックになる外食型小売業である。こうした小売業では、比較的暇な時間に買いに来てくれる消費者には割安に、週末や夕方など忙しい時間に買いに来る消費者には割増料金で対応することで、ユーザーの時間を交換することを助けることになる。

銀行や市役所の窓口だって同じではないだろうか。あるいは、病院の窓口も同様かもしれない。商品やサービスの値段は、当該商品やサービスの購入と販売を行う経済主体の行動に大きく影響を及ぼすシグナルあるいはパラメータである。時間ごとにこの重要なパラメータを合理的にいじることで、個々人の満足度を引き上げ、ひいては社会全体の厚生を引き上げることが可能となると思われる。

日本の価格設定はあまりにも〝公平性〟という枠にとらわれている。合理的な範囲で特別な枠を設け、もっとフレキシブルにしてもいいはずだ。

第5章　選択の時間

情報収集における時間資本主義とは

先日、元部下が「フライヤー（flier）」というビジネス書の要約サービスを始めた。本の出版点数は年々増え続け、いま日本ではビジネス書だけでも、年間６０００冊が発行されている。そんな本の海の中から、読みたい本を効率的に探すことのできるサービスだ。これはまさに「時間の効率化」である。いま、このように情報を選択・吸収することをサポートするサービスが数多く出てきている。それは、時間資本主義の時代には、情報の取り入れ、物やサービスを選択する時間を極力縮めようとする心性がはたらくからだ。

ライブドアニュースでは、２０１２年の10月から、記事の冒頭に「ざっくり言うと」というコーナーを設けた。ニュースの内容を３つの箇条書きにして掲載している。一文、40字前後。全部の記事を読まずとも「ざっくり言うと」の部分だけ読めば、だいたいの内容はわかる。これはまさに、時間資本主義時代に対応したサービスだと言えよう。

インターネットで箇条書きで短く説明する形式は、NAVERまとめなどが始まったときから、少しずつ増えてきている。今後はこの情報の集約方法が、逆に情報そのものに影響を与えるようになるのではないだろうか。

そもそも、こうした情報処理における「時間の効率化」ニーズの背景には、現在の高度情報化社会における情報量の氾濫がある。日々ネットから配信されてくる数々の情報は多くは有象無象であり、その中から真に意味のある情報をピックアップすることに私たち現代人は四苦八苦している。心理学の実験でも、人は選択肢が多ければ多いほど、選ぶことができないという事例も報告されている。こうした情報過多の社会で、人々は情報をうまく処理してまとめてくれる「節約時間価値」へのニーズを高めてきている。

自分の知りたい情報を、効率よく手に入れたいというニーズは、時間資本主義社会の中でどんどん高まっていく。また、紙やテレビから情報を得ていた人たちが、スマホの普及でインターネットにシフトしていることも追い風になり、いま勢いを増しているのがニュースのキュレーションサービスだ。「スマートニュース（SmartNews）」「グノシー（Gunosy）」「ニュースピックス（NewsPicks）」など、テレビCMを打ったり、大手メディアの編集長を引き抜いたりなど、話題に事欠かない。

ただ、これらのサービスも、自分がほしい情報だけを過不足なく届けてくれるというレベルにはまだ至っていない。おそらく2つの方向性で解決されていくのではないかと考えられる。

ひとつはテクノロジーの進歩である。データ解析の精度が上がり、ニュースを選定するアルゴリズムが改善され、過去の行動から必要とされるニュース、おそらく興味を持つであろうニュースが的確に選べるようになればいい。さらに未知の情報との偶然の出会いまで提供できるようになれば、完璧だ。これぞ究極のパーソナライズと言える。

もうひとつは、コンピュータのアルゴリズムではなく、人力のキュレーションに頼るという方法。つまり、SNSのタイムラインがキュレーションの役割を果たしていくのではないかと考えられる。興味や関心の近い人や分野は違えどおもしろい考え方をする人をフォローしていれば、彼らの関心のあるニュース・記事が自ずとタイムラインに流れるようになる。そこにはきっと、自分が検索しただけではたどり着けないような、遠い世界の情報もあるだろう。わざわざキュレーションサービスを使わずとも、それで十分という人もいるはずだ。

テッパン型サービスの拡大

時間資本主義の時代において、人々は選択を失敗することを恐れる。それは、時間が無駄になるからである。その失敗が物ならば、また買い直せばいい。ネット通販なら返品可能は一般的だ。もちろん、買い直せるかどうかは収入や貯金といった制約条件によるが、時間の無駄にはならない。しかし、旅行や食事などのある程度長い時間、つまり「かたまり時間」を費やすサービスはそうはいかない。過ぎてしまった時間はどのような対価を払っても、二度と取り戻せないからだ。

有名なアラブの格言がある。「4つのものは、返ってこない。口から出た言葉、放たれた矢、過去、そして、失った機会」。この4つの返ってこないもののうち、「過去」と「失った機会」という時間価値にかかわる言葉が2つ出てくるところが大変興味深い。

これは経済学でいう「サンクコスト」の問題とつながる。読者の中にはよく知っているという人もいるだろうけれど、念のため基本から解説しよう。

サンクコストは「埋没費用」と訳され、消費して回収できない費用のことを指す。サンクは、沈むという意味の"sink"の過去分詞"sunk"のことなので、沈んでしまって戻ってこないというイメージで考えるといい。経済学の教科書ではよく、映画の事例を使って説明される。

あなたは、上映時間2時間の映画を観ようとしている。入り口で1人1800円のチケット代を払う。そして映画を観始めたが、どうにもおもしろくない。10分経ったところであなたは考える。席を立つか否か。映画を観続けた場合、あなたはチケット代の1800円と丸々2時間を失う。席を立った場合、チケット代1800円と10分を失う。どちらの場合も、避けようのないサンクコストが発生する。しかし、サンクコストを小さくすることはできる。極力小さくしたければ、あなたはいますぐ席を立つべきである。しかし、多くの人は1800円が惜しいからと、映画を観続ける。

時間資本主義に則って考えれば、消費者はサンクコストをできるだけ極小化しようとする。そのために、時間を消費するサービスを選ぶときは、失敗しないように「テッパン型」のサービスに頼ろうとする人が増えるだろう。絶対にはずれのないところに人気が集中するようになるのだ。これは一種の「時間の効率化」でもあり、「節約時間価値」の追求でもある。

実際、多忙を極めるビジネスパーソンにとって、1週間の夏休みを取ることは貴重な機会である。当然多忙なビジネスパーソンの1時間あたりの時間価値は高い。彼ら彼女らは、そうした貴重な休暇という時間価値を極大化しようと考えているし、ハズレの場所に行くことなど決して許されないと考えている。そうすると、事前に獲得できる情報がないようなリゾートホテルに行くことはしないであろう。むしろ、同僚のビジネスパーソンがすでに宿泊して評判が良かったところや、アメックスプラチナカードで推薦しているラグジュアリーホテルなど、絶対に失敗がない場所を選択すると考えられる。

こうした選ばれた場所は、前述したような「排他性」がある施設の場合が多い。このため、事業者側は排他性を考慮して、高い価格設定をすることが可能となり、客数増と単価増の掛け算によって、収益は大きくアップすることが可能となる。

なぜ人はディズニーランドに複数回行くのか

時間価値が極めて高いビジネスパーソンに限らず、一般的にも時間価値を大切にした消費行動が顕著になってきている。

レジャー施設の定番、東京ディズニーリゾートの入園者数は、2013年に最大記録を更新した。人口減少や景気の低迷にもかかわらず、着実に入場者数を伸ばしているのだ。もはや東京ディズニーランドがオープンしてから30年が経っており、初めて行くという人だけでなく、2回目以降という入場者が少なくない。彼ら彼女らは、もちろん新しいアトラクションを楽しみたいという欲求もあるかもしれないが、ディズニーランドであれば誰と行こうとも失敗がないということがわかっているのである。年老いた親と、カップルで、子どもと、友達同士で、などシーンが違えど、ディズニーランドであれば、失敗がないテッパンリゾートランドなのだ。テッパン型消費とは、言い換えれば、「創造時間価値」をそこそこ満足できるレベルに維持しつつも、同時に「節約時間価値」の極大化を追求するという、いいとこどりの消費行動である。

もうひとつ例を挙げよう。伊勢神宮の参拝者は、2013年に1420万人以上を記録した。これは、記録が残っている1895年以降最多だった2010年の883万人を大幅に上回る数だ。2013年は20年ごとに社殿などを一新する式年遷宮の年にあたっていたことも要因だと考えられるが、戦後、過去3回あった式年遷宮の年の参拝者数と比較しても、2013年は突出して多い。これも、「伊勢神宮参拝」という定番に人々が集中したからだと考えられる。変な冒険をして、無用なサンクコストを払いたくないという消費者の防衛本能がはたらいているのだ。逆に考えると、テッパン的なサービスを確立すれば、これから長期にわたって超過利潤を得られる可能性が高いということにもなる。

テッパンというのは、すなわち、多くの人に「ここに行けば間違いない」と思われることである。これは一種のブランドであり、短期間でそれを構築するのは容易ではない。テッパンと思われるためのひとつの方法は、宣伝を大量に打つことである。「ここに来たら・これを利用したら損をさせません」と思わせることが必要なのだ。そして、何度も目にしたものに対して、人は親近感や信頼感を持つ。

ユニバーサル・スタジオ・ジャパン（ＵＳＪ）の新エリア、「ウィザーディング・ワールド・オブ・ハリー・ポッター」は、短期間で「テッパン」と呼ばれるような人気を確立している。もちろん、それには『ハリー・ポッター』シリーズの本や映画で培ったブランドがベースにあるが、オープン前から打ち続けていた広告の効果も大きい。知名度を上げ、期待をあおり、オープンから大量の客が詰めかける状況を作る。そうすれば、その人気ぶりがメディアで放送されるたび、さらに行きたいと思う人が増えるという好循環を作ることができる。２００９年に７００万人近くまで落ち込んだＵＳＪの入場者数は、２０１０年に入社したチーフ・マーケティング・オフィサーの森岡毅氏の手腕によって回復していたが、このウィザーディング・ワールド・オブ・ハリー・ポッターによってさらにテッパンのレジャー施設としての評判を高くすることとだろう。

　また、テッパン型のサービスとなったあとも、その立場に安住していてはいけない。東京ディズニーリゾートも、パレードやショーを刷新し、季節のイベントごとに装飾や演出を変えるなど、リピーターを飽きさせない工夫をしている。それによって、世代を超えてテッパンというブランドを築き上げていくのだ。進化が止まればブランドは失われていく。

　テッパン型サービスになるという考え方は、商店街、温泉街、百貨店、ショッピングモールなど、時間消費型のサービスを展開する経済主体にとって、大変有意義な発想だと言える。いつ、何度訪れても、最低限これ以上の体験が得られるという街や施設全体でのテッパン度を高めることが、時間価値が重要となる今後の世界では最も重要な生き残りの要素となるのだ。

　ちょっと突飛な例であるが、モナコ公国のモンテカルロは町全体でのテッパンサービス化が究極に進んでいる。主要ホテルはほぼすべて同じエージェントによって管理され、クラシックやモダンなどさまざまなタイプがあるが、どこも素晴らしいクオリティである。欧州の富裕層は頻繁にこの街を訪れ、この街が提供する多種多様なサービスを安心して（テッパン型サービスと認識して）享受している。

「テッパン」を教えてくれるエージェントに頼る

テッパン型のサービスが必要なときとはどういうときか。

それは、前述したように長い時間がかかる体験型のサービスの場合もあるが、サービスを一緒に利用する相手が仕事上の知り合いなど、あまり親しくない場合にもよりテッパン型のサービスが必要とされる。そういった相手と過ごす場合は、なるべく失敗したくないと考えるからだ。

またそのサービスに詳しくない、あまり思い入れがない場合も、テッパンに頼りがちになる。興味のないことは、テッパンでいいのだ。現代の日本では、物やサービスの種類があまりにも多いので、それを選ぶことから降りる人はたくさんいる。選択に時間を使うことを、もったいないと感じるからである。この場合は、時間的なサンクコストの問題に加えて、選ぶ時間の効率化の部分でテッパンが求められている。

それゆえ、詳しくないことに対してテッパン的な満足が得られるサービスを紹介してくれるような、「問屋型エージェント」に頼るという消費行動が生まれる。いくばくかのお金を払ってでも選ぶ時間を短縮したい、失敗したくないという欲求を持つ人は増えていくだろう。「問屋型エージェント」ビジネスも、テッパン型消費と同様に、「創造時間価値」をそこそこ満足できるレベルに維持しつつも、同時に「節約時間価値」の極大化を追求するという、いいとこどりの消費行動をターゲットにしたビジネスと言える。

例えば、高級ホテル予約で知られる「一休・com」のサイトを使えば、ある程度居心地のいいホテル滞在が保証されると考えられる。時間資本主義の時代には、単にたくさんのホテルが掲載されていることよりも、テッパンのホテルが紹介されているという情報の信頼性に価値がおかれるようになる。レストランにおいては、いまのところテッパンに特化して圧倒的地位を確立した問屋的エージェントは存在していない。「食べログ」や「ぐるなび」は網羅的ではあるが、テッパンではない。

「一休・comレストラン」やぐるなび系列の「プレミアムレストラン」はワンランク上のレストランを厳選しているということで、近いものがある。私自身、地方に出張して、その地方の人を会食などで接待しなくてはならないとき、どの店を選んでよいのかわからなくなることがある。そんなときは、「一休・comレストラン」で検索し、接待に合うレストランを予約することが多い。一休で厳選しているレストランであれば、一定程度のクオリティが期待でき、自分が気に入るかどうかとは別に、クライアントを不快にすることはないであろうという安心感がある。これも十分「時間の効率化」ビジネスのひとつと言える。

一休の事例のように、自分が情報劣位にあるときに、信頼できる問屋型エージェントのお墨付きに従って、サンクコストがないような消費行動をすでにとっている人は多いと思うし、今後もそうした行動が増えるのではないかと思う。

ホテルと比べると、レストランのサービスは、味と雰囲気・空間という複数の要素があり、何をもってテッパンとするかの基準が分かれるため、難易度は高い。しかし、難易度が高いということは、そこにビジネスチャンスがあるということでもある。ホテル、レストランという大きなくくりでなく、今後はもう少し、細かな利用者のセグメント別サービスが生まれてくるのかもしれない。

たとえば、露天風呂付き客室を持った高級旅館に絞った情報サービス、女性がおしゃれな格好のままで入っても大丈夫なラーメン店に絞った情報サービス、炭水化物ダイエット実行中の消費者に絞ったレストラン情報サービスなど、より専門店型の問屋型エージェントが出てくると予想される。時間価値を高めたい人は、どんどんそのニーズが細分化して、先鋭化していくためである。

選ぶ時間の二極化――快適化と効率化

興味がないことや自信のないことはテッパンで選ぶようになる。すると、逆に興味のあることはどうなるのか。時間をかけてでも自分だけの一品・サービスを選びたいという方向に進んでいく。そこに目をつけた、探す行為をエンターテインメント化するサービスも出てくるだろう。選択の時間も、快適化と効率化の二極化なのだ。

身に付けるものをとことんこだわって選びたい、その買い物の時間も楽しみたいという人は新宿伊勢丹へ行く。そこにはさまざまな人の嗜好に合ったこだわりの品が置かれ、ゆったりとした試着室もある。おしゃれを楽しみたい男性は、バーニーズに行く。バーニーズのストアブランド商品だけでなく、世界中からセレクトした商品が所狭しと並んでいるお店で、徹底的におしゃれなメンズになっていく。これらは、伊勢丹やバーニーズに行けば失敗はないだろうということで「時間の効率化」とも言えるし、豊富な品ぞろえから自らがほしいものを選ぶ行為自体を楽しむということで「時間の快適化」とも言える。

身に付けるものにそこまでこだわりがない場合は、ユニクロだ。スタンダードなデザインの商品が並び、何を選んでも無難なコーディネートになる。必要な物を事務的に選び、短時間で買い物を済ませることができる。これは「時間の効率化」であり、

「節約時間価値」である。これからのサービスは、この「伊勢丹化」と「ユニクロ化」のどちらかを突き詰めないと生き残れない。

また、「繰り返し消費」と「1回だけ消費」においても、快適化と効率化の二極化が進むだろう。日用品などは一度買ってよかったものを、繰り返し買うことで選択時間を効率化することができる。自分の「テッパン」が決まってしまえば、選ぶ手間をかける必要はない。しかし、家や車、結婚式など、人生で1回、あるいは何回かしか購入しない物・サービスの場合は、失敗しないために人はたくさんの情報を得て、時間をかけて判断しようとする。ここはむしろ快適化を売りにしたサービスが伸びる余地がある。

先の「伊勢丹化」と「ユニクロ化」の事例は、前者が「時間の快適化」を内包し、後者が「時間の効率化」を内包しているところが興味深い。

「時間の効率化」のビジネスでは、圧倒的な勝ち組に果実が収れんすることが多いように思える。カジュアル衣料のユニクロだけでなく、宿泊予約の一休、はてはネット販売のアマゾンなど、「時間の効率化」を徹底的に追求していくと、圧倒的な勝ち組がマーケットシェアを席巻する場合が多く、独占や寡占を生みやすい傾向がある。これは「効率化」という側面は、その勝ち負けがデジタルに決まることが多いためではないかと推測される。

一方、「時間の快適化」という方向性は、究極的に言えば、消費者の好みの問題であり、デジタル的な優劣が単純にはつかないこともある。特に、特定の狭いセグメントに絞って考えると、さまざまな勝ち組がセグメントごとに林立する可能性は大いにある。

こうしたことを考慮すると、資金力を使っての圧倒的なマーケットシェアを背景にした大企業やグローバル企業を志向するのであれば「時間の効率化」という切り口で戦略を考えるべきだし、小資本で独立的に事業を成長させたければ「時間の快適化」という切り口で戦略を考えるべきである。いずれにせよ、時間価値が重要になってくる現代においては、時間価値の増大の手法として、効率化と快適化という2つの方向性があることを理解すべきである。

そもそも、収入や予算の制約によって安い商品やサービスを常に選ばなくてはならないという人を除けば、消費行動で見られる二極化とは、本書で指摘している時間価値という軸で多くは説明可能なのではないだろうか。

20世紀の最後の5年あたりから、ジニ係数で見た所得の二極化が進展しているということが、メディアや国会で話題になった。いわゆる「格差問題」である。そして、市場主義の導入やグローバル経済の到来など、様々な理由で「格差問題」が語られ、ひと握りの富裕層と貧困層の問題がクローズアップされた。しかし、大阪大学教授の大竹文雄氏が『日本の不平等』で分析したように、所得の二極化は人口ピラミッドの変化や世帯規模の変化によるものであり、いわゆる「格差問題」は喧伝されているほどではないという見方が広がっている。

ところが、「格差問題」があまりに話題を集めすぎたため、消費の二極化が「格差問題」の帰結として理解されてしまっている。実際、ユニクロが猛烈に売れている一方、伊勢丹の高級服が売れている現状を、所得の二極化で説明する論考は多いが、高所得者であってもユニクロで買い物をするし、アマゾンで安い商品を探したりする。単純な所得の二極化だけでは説明不可能な商品の二極化が生じている。むしろ、消費の二極化の真犯人は、「時間資本主義時代の到来」ではないかと考えている。

ユニクロやアマゾンが提供している速さや安さという切り口は、圧倒的にデジタルな合理性である。このように明らかにわかる合理性は多くの人の心に訴えるものであり、安さや簡易さといったところでの消費行動を促している。ユニクロやアマゾンが提供する価値には「創造時間価値」でなく「節約時間価値」が内包されている。

一方、伊勢丹やバーニーズのような商品販売だけでなく、高級旅館など高額の商品やサービスへの消費は多くが時間消費を伴うものである。これは好みのような感性の問題もあり、デジタルには優劣がつけがたいものである。しかし、一方で時間消費であるのであれば、サンクコストを恐れるためにテッパン型消費やそれを助長するような問屋型エージェントビジネスが隆盛となり、勝ち組サービスが選ばれていく。こうした高額の商品やサービスには、もちろん「創造時間価値」が含まれているが、一方で突飛なものを選んで失敗して時間価値を失いたくないという選択プロセスにおける「節約時間価値」も内包されているのだ。

世の中に二極で見られる消費行動は、かくのごとく時間価値という分水嶺から生まれる2つの支流に過ぎないのかもしれない。

第6章 移動の時間

交通ビジネスは、高速化から快適化へ

前述した「時間の効率化」と「時間の快適化」という2つの方向性に鑑みると、交通ビジネスは一見すると「時間の効率化」と連関があるように見えるかもしれない。しかし、スマホという携帯可能な情報通信端末の発達によって、交通ビジネスの切り口が「時間の効率化」だけでなく、「時間の快適化」となってくる。

それは、情報端末を携帯している現代の人類は、移動空間自体がオフィスや自宅などの外部化された時空ととらえることが可能となったためである。違う言い方をすると、スマホを持つことで、私たちはオフィスや自宅という固定された空間さえもバーチャルに携帯して持ち出すことが可能となり、オフィスや自宅の「拡張現実空間」とともに1日中過ごすことが可能となっている。私たちが「拡張現実空間」に囲まれて

移動することが可能となったのであれば、その空間での居住をいかに快適にするかということが必然的に重要となる。

ここで使っている「拡張現実空間」という言葉は、もともとＩＴの世界で言われた言葉であり、ＡＲ（Augmented Reality）とも呼ばれる。ＩＴなどによって人間を取り巻く現実の環境に作用を与え、私たちから見た現実世界を拡張するものと言える。仮想空間と似ているが、実際の現実世界が存在し続けている中で、その一部がＩＴなどの技術で変容している状態という考え方である。

実際、歴史的にみると、移動時間というのは、ずっと「時間の効率化」ばかりが図られてきた分野であった。

新幹線はこだまからひかり、そしてのぞみへ、高速化していった。リニアモーターカーを開発するというのは、この時間短縮、「時間の効率化」の方向性の進化である。空港が整備され、飛行機での移動も便利になった。１９９０年くらいまでは東京から大阪への出張は1泊コースだったものだが、「時間の効率化」が進んだいまでは日帰りが当たり前だ。福岡や広島まで足を延ばしても、現地での予定の時間によっては日帰りということもあるだろう。これまでは、目的地に早く着くことだけを追い求めていればよかった。

しかし、時間資本主義の時代においては、「時間の効率化」ではなく「時間の快適化」の面での進化も求められるようになる。

私の例を挙げると、最近では大阪、岡山、広島あたりへの出張に、飛行機ではなく新幹線を使うようになった。情報端末を携帯できない時代は、出発地から目的地までの時間の長さが最も重要であり、「時間の効率化」の観点からは大阪は微妙だが、岡山や広島には飛行機移動が圧倒的に早かった。

しかし、情報端末を携帯できる現在、飛行機よりも新幹線を使ったほうが、快適に仕事をすることができる。羽田空港から伊丹空港までの1時間ちょっとのフライトを、Wi-Fiも使えず落ち着かないままやりすごすのは極めて不便だし、都心から羽田空港までの電車やバスの中で会社のメールをチェックすることもできない。一方、新幹線であれば、東京駅から岡山駅や広島駅まで飛行機よりも時間はかかるが、じっくりとノートPCやタブレットPCを使って仕事の時間とすることができる。

これは、「時間の効率化」がもたらす時間価値よりも、「時間の快適化」がもたらす時間価値が高くなった事例である。換言すれば、「節約時間価値」と「創造時間価値」の比較で、前者よりも後者が大きくなったということである。つまり、各人が情報端末を携帯する現代では、「節約時間価値」と「創造時間価値」という2つの方向性での時間価値の高まりを、各人が局面ごとに判断して、交通手段を選ぶ時代に入ったと言える。

従来は、交通や移動と言えば、単純に「節約時間価値」という方向性を皆が志向してきたが、今後は「創造時間価値」という観点で交通手段は選ばれるようになるだろう。これは、交通に限ったことではない。そのほかの一般の商品やサービスでも同様である。従来は、商品やサービスを消費者に届ける際には、時間やコストなどバリューチェーンを効率化して、いかに物の価格を安く提供するかという大きなパラダイムが支配していた。しかし、今後は、時間やコストがいかに安くても、消費者が感じる「時間の快適化」との比較考量によって、商品やサービスが選ばれる時代になったということである。

交通ビジネスが目指すべきひとつの方向性は、ビジネス空間として利用価値を高めることだ。平日のグリーン車などは、ほぼビジネスユーザーの出張に使われているように見える。それにもかかわらず、まだJRは依然として「行楽」の発想でサービスを充実させようとしてはいないか。東北新幹線、北陸新幹線に新幹線の〝ファーストクラス〟として導入された「グランクラス」も、45度まで倒れるリクライニングシートやアルコール、ソフトドリンクのフリードリンク制など、行楽をより楽しめるような車両になっている。もちろん、旅行の場合はこれでいい。旅行としての「時間の快適化」という点では〝あり〟なサービスだが、もっと日常的に新幹線を利用しているビジネスパーソン向けのサービスを導入してもいいのではないか。それができれば、新幹線はもっと飛行機からシェアを奪うことができるだろう。

例えばグリーン車とは別に、ビジネスクラスを設ける。全米を走るアムトラックにはビジネスクラスがあるが、その車内はおおよそ日本のグリーン車とは異なりビジネス仕様となっている。車両の机には、飲み物を置くためのくぼみなどつけなくてもいい。広めでノートパソコンを広げやすい位置・高さにする。もちろん、電源、Wi-Fiは完備。複数の充電コネクターを用意してもいいだろう。つまり、ビジネスパーソンにとっての「時間の快適化」という観点から、徹底的にすべての設備やサービスを見直すということだ。

さらには、駅の待合室の時点で、旅行目的の客とビジネス利用の客を分けるということも考えられる。駅周辺の流通産業は、駅ナカの充実や駅併設型のショッピング施設「ルミネ」などで改善されていったのに、旅客に関係する部分は昔とほとんど変わっていない。それは、他社との競争がなかったからだろう。しかし、時間資本主義の世界ではさまざまなジャンルの商品・サービスが、時間価値という1点においてフラットな競争にさらされる。新幹線もそこからは逃れられない。お客の時間価値を高めるためにどうすればいいのか、という発想で施設や車両、車内サービスなどを変えていく必要がある。

各交通機関のビジネスチャンス

時間価値を高めるという観点を導入すると、それぞれの乗り物にビジネスチャンスや改善の糸口が見えてくる。例えば、タクシーなどはこれまで、他の交通手段よりも高いけれど早く目的地に着くことができ、楽であるという価値を提供していた。さらにこれからは、車内で過ごす時間を快適にするという方向での施策が求められるだろう。それは、運転手に対する教育だったり、車内ビジョンに流れるコンテンツのクオリティ向上だったり、携帯電話の充電サービス（これは、一部車両で導入されている）だったりと、さまざまなものが考えられる。車内での快適な時間がブランドとして確立できたら、その企業のタクシーを優先的に使う人も増える。また、空港までなどの長距離の場合はこの企業のタクシーにしようという選び方もされるようになる。客単価の上昇も見込めるのだ。

逆に深夜バスというのは、時間はかかるけれど安く遠方に行くことができる交通手段として選ばれてきた。これからはさらに、快適に睡眠が取れるラグジュアリーな空間を提供することで、付加価値を上げることができるだろう。通常寝ている時間で移動ができるのだから、時間の効率化という意味でも時間資本主義時代にマッチしたサービスだ。すでに、通常4列シートのところを2列にし、ホテルのラウンジのようなシートでゆったり眠れるような車両も登場している。こうなってくると、価格よりも快適さで選ぶ客が増え、単価を上げていくことも可能だろう。

また交通手段を使わず、徒歩や自転車で移動する人も増えるだろう。それは、歩くことや自転車に乗ることによって、移動と日頃の運動不足を解消する時間を兼ねられるからだ。豊かな現代の日本人にとって、健康というのは1位、2位をあらそう問題である。スポーツジムにわざわざ通うトータルの時間、つまり往復の移動時間、着替えの時間、運動する時間、シャワーに入って着替える時間などを考慮すると、30分かけて歩いたほうが効率的だとも考えられる。

では、自動車での移動はどうなのか。日本国内での自動車の販売台数は、1990年頃をピークに右肩下がりになっている。この20年で、約170万台も減少した。エコカー補助金などで一時的に販売数が伸びても、やはりそのあとは反動で落ち込む。自動車の内需には未来がないようにみえるかもしれないが、もしかしたらテクノロジーの進化がそれを食い止めるかもしれない。

少し未来的な話になるが、グーグル（Google）やメルセデス・ベンツが自動運転車の開発を進めている。また、ダイムラーは2025年に高速道路での実用化を目指す、自動運転式のトラックを国際商用車ショーで発表した。実現すれば移動している時間、トラックの運転手はハンドルを握る必要がなくなる。データ管理をしたり、営業担当と連絡をとりあったりと、他の仕事にあてることができるのだ。これは、時間の使い方を大きく変える。

アメリカではまだ、自動車での移動が一般的だ。いまは電車を利用している人も、往復2時間の通勤時間が自由に使えるのであれば、電車ではなく車を使うようになるかもしれない。自分で運転を楽しみたいときはドライブモードに、他のことに時間を使いたいときは自動運転モードにと、切り替えて自動車を利用するようになるのだろう。渋滞のときなどはもちろん自動運転にする。お盆や年末年始の、日本のお父さんの負担もだいぶ軽減されるだろう。

さらに発展的に考えると、ミーティングなどは車内でやったほうがいいということになるかもしれない。自動車では簡易的に個室空間を作り出すことができる。ホテルから別の場所まで移動する際に、ミーティングルームのようになっている自動車を利用して、話しながら移動するということも考えられる。その際は、運転手を別で連れてくる必要はなく、同乗者全員が話し合いに参加できる。そのさらに発展したかたちが、自動操縦のプライベートジェットのレンタルサービスだ。そういった乗り物を利用する未来が、そう遠くないうちに訪れるかもしれない。

移動と物流を組み合わせたビジネスの可能性

アマゾン（Amazon）というのは、買い物の「時間の効率化」を極限まで高めたサービスだといえるだろう。わざわざ店まで行くことなく、クリックひとつでほぼ何でも手に入る。しかも日本では、すでに存在している優秀な物流サービスと組み合わさり、買った商品が翌日には届く。

しかし、アマゾンはアメリカを含む13カ国にしか進出していない。在庫管理と配送処理をするための倉庫、及び物流ネットワークを準備するのが、先進国以外では難しいからだ。アフリカや東南アジア、中東、東欧などにはまだ進出できていない。

これらの国の人々も、徒歩、自転車、バイクなどで移動はしている。やや未来的な話をするが、そこに1人1台スマホが普及すれば、ネット上のプラットフォームで「運んでほしい物がある人」と「どこかへ移動する人」をマッチングして、仮想物流網が構築できるようになるかもしれない。ただの移動時間で稼ぐことができるようになる。

つい先日の『日本経済新聞』の記事では、ヤマト運輸の近未来サービスの可能性として、受け取る場所を固定化しない可能性にふれていた。[*6]例えば、家にいて宅配便を待つのではなく、「午後2時ごろ銀座4丁目の三越の前にいるので、そこで受け取る」など、受け手が自由に受け取る場所を選べるといった、受け取り空間のモビリティ（可動性）を自由化するという日本ならではの宅配ビジネスが考えられているようだ。

時間の価値の重要性が高まっていく時間資本主義社会においては、時間と空間がないまぜになった時空関連に、ビジネスの可能性が眠っているといえよう。この意味で、総じて、移動や物流に関する部分にはたくさんのビジネスチャンスがあると考えられる。

ただし、一方で懸念されているのは、前述したように「時間の快適化」は、消費者の好みという多様化された環境の下、群雄割拠で勝ち組企業が多数存在しうるのに対し、「時間の効率化」は、デジタルに勝ち負けが決まることで寡占企業や独占企業を生みやすいという問題点である。実際、アマゾンは進出後の国々で圧倒的な勝ち組としてシェアを奪い、いまこの現在もその勢いを増している。

短期的には、こうした圧倒的な勝ち組プレイヤーが、バリューチェーンを効率化して物流経路を簡素化し、消費者に商品やサービスを安く提供することで、消費者個々人や総体としての社会の満足度が高まるかもしれない。しかし、独占企業や寡占企業が長期的にユーザーや社会に対して友好的であった歴史は寡聞にして知らない。

巨大化した「時間の効率化」の勝ち組は、私たちにとって将来的に対峙すべき制約条件に転化する可能性すらある。あるいは、資本の論理を使って、「時間の快適化」の勝ち組を傘下に収め、私たちの好みの選択肢を奪うことも考えられる。「時間の快適化」の勝ち組企業は、群雄割拠型で規模が大きくない可能性があるためである。

律法遵守を教条主義的に強いたパリサイ人に対し、愛を説いたイエスからキリスト教が生まれたのは周知の事実である。しかし、このキリスト教はその後急速に勢力を強めた結果、中世にはむしろ人々にとっては制約条件となってしまい、パリサイ人と同様に教義遵守が自己目的化してしまった。「時間の効率化」の勝ち組が、中世のキリスト教のような強圧的な存在にならないとも限らない。

「時間の効率化」という方向性で勝ち組企業は今後も出てくるであろうし、大きなシェアを持つ巨大グローバル企業へと成長する可能性が高い。もちろん、当初はバリューチェーンの効率化によって消費者満足を高めるという高邁な目標で行動するはずである。

しかし、独占や寡占となった後、特に、消費者の情報独占などをした後、当該企業が社会主義的インフラに転化してしまったり、ジョージ・オーウェルが『1984年』で描いた「ビッグ・ブラザー」として私たちを監視するような化け物になってしまったりしないように、注視する必要がある。

「市場の失敗」にも注意する必要があろう。これは金融業界の問題と似ている。金融業界は、元々は事業会社の事業をサポートする黒子であった。ところが、寡占・独占の度合いが増して巨大化することで、黒子としての役割を飛び出した。自らリスクを取ってバランスシートにレバレッジをかけて収益拡大に向かい、結果として大きな損失を被った。いわゆる「市場の失敗」である。巨大化して、寡占・独占企業となった金融会社をつぶすことはシステミックリスクを伴うため、税金やインフレなど社会的費用を払って救済することとなったのは記憶に新しい。

「時間の効率化」という方向性において、金融業界同様に寡占・独占企業が生まれる可能性があり、それが消費者の購買行動におけるインフラとして数少ない選択肢となってしまう恐れすらある。こうした社会インフラとなってしまった企業に倫理が欠如していれば、どこかの国の金融企業のように「市場の失敗」を起こす可能性があり、そのような企業の失敗を、社会的費用を払って救済しなくてはならない可能性もあるだろう。

ただし、「ビッグ・ブラザー」のように、作家の村上春樹氏が繰り返し小説の中でメタファーとして引用する非ビジネス的なものを持ち出さなくても、「時間の効率化」に対応しうる方策はありえる。

そもそも、物流という一見効率化のみがバリューに見えるようなサービス業であっても、「時間の快適化」という方向性は十分にありうる。

例えば、日曜日の朝刊の書評を見て興味を持った3冊をアマゾンで注文したとしよう。アマゾンあるいはアマゾンの競争相手が宅配スピードを必死になって上げて、従来の注文日の当日午後ではなく、注文後1時間後に本を届けることが可能になったとして、私たちはいったいいくらの付加価値を払うのだろうか。あるいは、品質がよさそうなタブレット端末が発売されてアマゾンで注文したとして、その配送が数時間早いことに高い対価を払うだろうか。

もちろん、高い対価を払う人もいるだろう。しかし、例えば、家電製品や情報端末であれば、使い方の説明や家での丁寧な設置など、「節約時間価値」ではない価値を求める人も少なくないと思う。服や靴の通販などでも同様で、ただ配送するだけでなくフィッティングができる配送会社があってもいい。実際に、アマゾンの靴通販サイト「Javari」やファッション通販サイト「ロコンド」は30日間返品無料で色違いやサイズ違いの品をオーダーして不要な品だけ返送できるようになっている。あるいは、食材の配送だけでなく、さまざまな家庭内調理の疑問や不安をその場で解消できるようなソリューション能力を持った配送会社もアリではなかろうか。こうした付加価値型配送会社であれば、家庭の玄関口が即座に拡張空間として「フィッティングルーム」や「調理教室」の一部に早変わりすることになる。

確かに、「時間の効率化」という方向性はわかりやすく、独占・寡占企業が登場しやすい。一方、考え方次第では、「時間の快適化」という観点から物流など一見効率性のみが追求されるような職種でさえ、いろいろなチャンスがあると言える。

＊6『日本経済新聞』10月9日夕刊〝「宅配ビッグバン」経済の大動脈、太く長く〟

第７章　交換の時間

人は「交換」を求めている

さて、選択し、移動した人たちは、その先何をするのか。

それは「交換」ではないかと私は考えている。第三者と会って、情報やアイデア、気持ちを交換しあうのだ。選択や移動はそのための前段階だと言えるだろう。第１部で、産業構造が変化したいま、人は人と会うことで付加価値を生み出そうとするという話をした。これも、交換が大きな目的となることと関連している。

しかも、重要なことは、交換されるものの多くが、「モノ」ではなく「コト」であるということである。「モノ」の時代ではないということが叫ばれて久しいが、従来は「モノ」の時代の終焉が物質社会の飽和感などの文脈で語られることが多く、消費の飽和などのストーリーからの帰結として言われていた。

時間資本主義の時代では、こうした物質社会の飽和という考え方に加えて、多くの一般的な「モノ」（コモディティ商品と言っても良い）は、「時間の効率化」というプロセスの中で、その購買や交換の価値が一気に希薄化する。もちろん、誕生日プレゼントを選ぶなど、人間の特定の思いが付与された「モノ」にはストーリー性があり、有機的な「モノ」としての価値を特定の人にだけは保持している。しかし、多くの「モノ」はいかに早く効率的に物流されて消費されるかという対象であり、「モノ」の購買や交換自体は少なくなることはないが、その意味合いの重要性は雲散していく。

この意味で、物質社会の飽和だけでなく、時間価値の重要性の高まりという要因で、「モノ」の時代は終焉を迎え、「コト」全盛の時代を迎えている。そして、「コト」についても、「節約時間価値」と「創造時間価値」という両方の価値観から品定めが行われ、購買や交換が行われていく。

選択して移動するといっても、移動にはひとり旅の場合もある。ひとりでブラブラとどこかに行く場合、他者と何かを交換しているようには見えない。しかし、内なる自分との出会いの場を求めに行っていると考えると、意識下の自分とアイデアの交換をしていることになる。クリエイティビティが求められる仕事をしている人にとっては、かけがえのない時間だろう。その時間を確保しなければ、日々の業務に追われて創造性が失われていく。

では、交換にまつわるビジネスというのはどういうものだろうか。

人と出会いやすい場を提供するのはそのひとつだ。例えば、ここ数年で市民権を得たコワーキングスペース。コワーキングスペースはシェアオフィスとは異なり、各人が個室のようなスペースを割り当てられているのではなく、オープンスペースで仕事をするのが特徴だ。コワーキングスペースの価値は、在宅でも通勤でもない勤務環境の選択肢であるというだけではない。そこに集まる人との出会いや、ディスカッションから生まれるアイデアなども、その価値に含まれている。

もちろん、質のいい出会いを誘発するためには、立地やコンセプト、交流のための施策などをコワーキングスペースの運営者側が戦略的に考えなければいけない。その価値を増大させることで、単価を上げたとしても需要を高めることができるだろう。

日本を代表するコンテンツ産業では、世界最大の同人誌販売会であるコミックマーケットが好例だろう。コミックマーケットは、毎年8月と12月の年2回、東京ビッグサイトで開催されており、すでに定期開催だけで開催回数は86回を数えている（2014年10月現在）。ニュースによれば、コミックマーケットは回を重ねるごとに大規模化し、1回あたり数十万人の参加者を集めている。参加者ならびに同人誌発行者側ともに、単純な同人誌の販売だけでなく、お互いの偶発的な出会いによる意識の交換を楽しみにしていると聞く。

こうした直接的な出会い、交流は音楽の世界でも隆盛している。10年以上にわたり、CDなどパッケージ型の音楽市場は減少傾向をたどっている。一方で、ライブなど直接にアーティストとファンがふれ合えるイベントには、少子高齢化にもかかわらず、参加者が一貫して増加している。これは一種の「時間の快適化」である。

また人と話しやすい場の提供にも、ビジネスチャンスが眠っている。最近レストランに行くと、個室が埋まっているという状況に出くわすことがよくある。テーブル席は空いているのに、個室だけは満席なのだ。それは個室で話すことに価値があるビジネスが増えているからなのではないか、と私は推測している。例えば私の業務のうち、M&Aに関するクライアントとの食事は、基本的に個室でなければいけない。話すことそのものに価値があるようなビジネスに対応したサービスが、今後は増えていくのではないだろうか。

情報交換やコミュニケーションのやりとりそのものをサポートするサービスも、さらに増えていくだろう。そのひとつがメッセンジャーアプリだ。話を聞くと、10代、

20代はメールでのやりとりを「遅い」と感じているようだ。私たちの世代では、メールは非常に「速い」ものだったのでこれには驚くばかりだ。

たしかにアウトルックなどを開き、受信トレイで該当のメールをクリックしないと文面が見えないメールと、通知をクリックすればメッセージが読めるメッセンジャーアプリでは、何秒かの違いが生じる。さらに返信するときも、返信のボタンを押し、文面を書き込み、送信ボタンを押すメールに比べ、一言書き込んでエンターキーを押す、もしくは送信ボタンを押すだけで相手に送られるメッセンジャーアプリは、明らかに速い。

メッセンジャーアプリのライン（LINE）は、通信上、実際には届くまでにタイムラグがあったとしても、UI（ユーザーインターフェイス）の工夫ですぐに相手にメッセージが届いたようにみえる。このスピード感を、いまの若者は求めているのだ。さらに、「既読」機能で、相手がメッセージを見たのかどうか悩む時間も削減された。逆に、「見たのに返事が来ない」と思い悩むという若者も増えているようだが、コミュニケーションの速度としてはメールよりも速くなっている。これも小さな「時間の快適化」と「時間の効率化」の組み合わせだろう。

交流を前提にしたコンテンツや空間が生き残る

こうして、選択や移動における「時間の効率化」をして得た余剰の時間を、コミュニケーション（交換）にあてて、「時間の快適化」をしている人が増えている。家計消費の金額の内訳が、圧倒的に情報通信に配分されるようになっていることは、これを裏付けている。

コンテンツもひとりで楽しむのではなく、交流を前提としたものがヒットするようになってきている。平たく言うと「ネタ化」できるものが、インターネット、特にソーシャルメディアの手を借りて広まるのだ。ディズニー映画『アナと雪の女王』のヒットはその一例である。映画としてストーリーを楽しむだけでなく、劇中歌をみんなで歌うことによってその人気が爆発的に広まっていった。

ＡＫＢ48の『恋するフォーチュンクッキー』を、企業や自治体の職員が踊った動画が流行ったことも、この流れで説明できる。90年代とは違い、音楽の好みが細分化され、家族全員が観ている音楽番組もなくなったいま、どの世代も知っているヒット曲など存在しない。しかし、音源と振り付けを公開し、『恋するフォーチュンクッキー』のダンスを踊っている動画を「公式動画」として認定することで、耳にする人の数が莫大に増えていった。いまでは結婚式の二次会などの定番ソングにもなっている。

前述したように、ひとりで聞くCDマーケットが減少しているのに、野外イベントは近年盛り上がりを見せている。各地のお祭りや花火大会など、一昔前のさびれぶりを知っている私からすると隔世の感がある。これらは「交流を前提としたコンテンツ」であり、かつ「交流を前提とした空間」でもある。

こういったコンテンツは、「モノ」の消費と違って、限界効用逓減が起こりにくい。新しいものが出てくるたびに、発散し、需要が伸びる。マーケットがしぼむことはない。時間消費型のコンテンツは、良質なものを出せばずっと勝ち続けることができるのだ。ソーシャルゲームと、ハードとソフトのパッケージ型のゲームを考えるとわかりやすい。人とコミュニケーションしたり、ランキングで競いあったりすることで、「交換」の機能が内蔵されているソーシャルゲームは、限界効用が逓減することなく、ずっと楽しむことができる。それに、パッケージ型のゲームは勝てない。

ただ、ニンテンドー3DSソフトの『妖怪ウォッチ』のように、クロスメディアで展開するのであれば、パッケージ型でも勝機はある。『妖怪ウォッチ』は、アニメ、コミック、グッズ、そして『ゲラゲラポーのうた』『ようかい体操第一』と歌・ダンスまで網羅して、すべてにおいて「ネタ」を提供し続けている。単なるモノではなく、時間消費型のサービスと同じ価値を持っているのだ。

全体的には、交流・交換の価値が高くなっていく時代、モノ対コトの勝負は、コト側に有利になっていくということだろう。そして人々は、モノを購入するよりも、人と交流する「時間」を提供してくれるコト・サービスにお金を払うようになる。それが、時間資本主義時代の消費の傾向なのだ。

「モノ」の交換・流通と、「コト」の交換・流通の大きな相違は、後者の場合は人と交換・流通をすることによって、その物語性が常に変化して、新たな「コト」に変容していくことである。前述したAKB48の『恋するフォーチュンクッキー』や『妖怪ウォッチ』の他者巻き込み型成長が、その証左である。

「モノ」の時代が終焉して「コト」の時代になったとはいっても、私たちは霞を食って生きていけるわけではなく、食品や衣料など「モノ」は依然として必要であるし、私たちの現実空間を物質的に形成している。しかし、こうした「モノ」の物流や売買は「時間の効率化」の対象となり、高付加価値なものでない限りは、その購買〜使用〜廃棄といったプロセスが「節約時間価値」を獲得するための対象となっていく。「モノ」は一部の限られたインフラ的企業（アマゾンのイメージ）によってデジタルに合理的に供給されるものとなり、多くの企業は「モノ」を媒介にして「モノ」に付随している「コト」を供給する能力で消費者からの選別を受けることとなる。

この論理は、結婚披露宴運営会社を思い浮かべると多少わかりやすいかもしれない。結婚披露宴は、物質的に見れば、飲み物や食べ物という「モノ」を販売する行為であるが、その販売される「モノ」を媒介して、結婚式場の雰囲気を提供したり、新郎新婦入場というプロセスを提供したり、新婦から両親への思いを述べる場を提供したりしている。これらの「コト」をうまく提供することで、結婚披露宴運営会社は他社と差別化を図ることが可能だし、新郎新婦が自分ですべて企画運営するよりも時間を節約することが可能になる。

物質的な「モノ」の販売は決してなくならない。結婚披露宴でも飲み物や食べ物は必要だし、販売されている。しかし、物質的な「モノ」の販売だけでは、「創造時間価値」は生み出すことはできず、消費者は対価を払うことはないし、一部独占・寡占企業のみが跋扈する冷たい市場を生み出すことになろう。

この意味で、時間消費型コンテンツ、時間消費型サービスを制することが、時間資本主義という新しいパラダイムにおけるビジネスを制することになるのである。

第2部まとめ

・「すきま時間」と携帯可能な情報端末の組み合わせでさまざまな時空ビジネスが生まれる。

・消費は、商品やサービスの選択時間を快適化ないしは効率化するという方向に二極化していく。

・交通ビジネスは、時間快適化への対応が求められる。

第3部

あなたの時間価値は、どのように決まるのか

第8章　人に会う時間を作れる人、作れない人

付加価値型サービス業の隆盛はなにを意味するのか？

人にはそれぞれの時間価値というものがある。ここでは、その人が時間を使って社会に生み出す価値、という意味での時間価値の話をしていく。

あなたの時間価値は、いくらだろうか？

わかりやすい例は、時給だ。1時間で2000円を稼ぐ人と、1時間で5万円を稼ぐ人とでは、時間価値はまったく異なる。今後は、さらにこの差が広がっていくと考えられる。それは日本の主要産業が、製造業や一般的なサービス業から付加価値型のサービス業に移行しているからだ。

製造業が主要産業だったときは、給与のレンジ、ひいては時間価値のレンジも小さ

かった。そもそも製造業とは、均質な労働量をある特定の場所に大量に集合させ、効率よく経営することで製造工程を付加価値化していくビジネスであり、労働者の自発的な生産性格差は小さく、給与レンジや時間価値のレンジが小さいという性質を持っている。製造業は消費地に比較的近いところに立地すれば十分であり、必ずしも東京などプライムな都市部に集積させる必要はない。このため、製造業が中心であった時代には、東京一極集中ではなく、大阪、名古屋、福岡など日本各地に工業集積地があり、多極型の都市構造となっていた。

私自身、愛知県尾張地区にある繊維で有名だった一宮市という小さな都市で、1986年に県立高校を卒業したが、そこには普通課程だけではなく、定時制課程があった。多くは九州など地方からの中卒女性が中心だったと記憶しているが、彼女らは午前中授業に出て、午後からは近くの繊維工場で従業員として勤務していた。ひと昔前は、こうした地方から均質な労働力を集積させてビジネスを行う製造業が日本各地で盛んに行われていた。ちなみに、私の母校の定時制課程は1987年度で廃止されており、我が国の製造業からの移行プロセスとも軌を一にしている。

しかし付加価値型のサービス業では、ひと握りの人に富と情報が集まる仕組みになっている。なぜならば、彼ら彼女らは、差別化された情報をいち早く得るために、特定の場所、すなわち東京の中心部に群れる性向があり、その群れをめがけてさらに情報を持った人が集まるというスパイラルが生じているためである。

　これは、交通が必ずしも便利でないシリコンバレーに、ニュービジネスを手掛けようとする起業家と彼ら彼女らに投資しようとするベンチャーキャピタルが集合していることとも、同様である。つまり、世界の主要先進国では、多極型都市構造から特定一極集中型都市構造へと人の集まり方が大きく変化してきている。そして、都市部に集中した情報勝者の一部の人は、さらに情報集積度を増し、自らの付加価値を高め、結果として多くの富を得る仕組みになっている。

　結果として、製造業や一般的なサービス業中心の国から、付加価値型サービス業に移行することで、私たち働く人の給与の構造も変わってきている。

　日本の平均年収は、1997年の467万円をピークに、ゆるやかに下降している。[*7]今後は、東京など特定の都市への一極集中が続くことで、付加価値型サービス業とそれ以外の企業における収益力格差はさらに拡大することが予想され、それぞれの産業で働く人の収入も格差の拡大が見込まれる。実際すでに、年収1億円以上の人の数は上昇傾向にある。「一億総中流」は、ますます過去のものになるのだ。

　これからは、第1部でもふれたように、事務作業をするホワイトカラーの時間価値が低下していくと考えられる。それは大企業の一般事務だけの話ではない。弁護士や会計士のような付加価値型サービスの花形職業とみられている職種ですら、一般の事務的なスキルはコモディティになっていくだろう。

これまでの水準を維持するために、時間の奴隷になるという罠

コンピュータの進化によって上がる労働生産性は、自分だけでなく、他の人も同様に上がるものである。そうなると、どれだけこなす仕事量が増えても、利益は上がらない。利益とは、他者との比較で優れている部分に支払われるものだからだ。単なる仕事量の増大からは、超過利潤は生まれないのである。

労働生産性という言葉がイメージで語られるが、よく考えてみたい。ＰＣなど何らかの新しい機械設備が導入され、１時間あたりに生み出す製品の個数が増えた場合、上昇した労働生産性は「量的」労働生産性であり、これは当該製品を製造販売している企業の売上高が増えることとの必要十分条件ではない。

例えば、同業他社にも同様の新しい機械設備が導入されて「量的」労働生産性が上昇していれば、この製品市場には過剰の供給がなされて、製品の値崩れが生じてしまう可能性もある。そして、量的には販売量が増加したとしても、単価下落によって売

上高自体は増えないかもしれないのだ。

実は、自分だけ、あるいは自社だけが開発したような新しい機械設備が導入されたのであれば、その機械設備は同業他社には存在しないため、自分あるいは自社だけが「量的」労働生産性を高めることが可能となる。そして、製品供給量の増加によって多少の製品価格の値崩れがあったとしても、「金額的」労働生産性を高めることが可能となり、ひいては売上高の増加に寄与することとなる。

しかし、コンピュータの進化、情報通信端末の進化など、現在生じている多くの機械設備の進歩は、皆にあまねく「量的」労働生産性の上昇という果実を与えるものであって、自分あるいは自社だけが「量的」労働生産性を高められるものではない。基本的に、企業の収益性は、同業他社との差別化度合いの関数である。同業他社との差別化なくしては、企業が享受できる超過利潤は存在しないのだ。結局のところ、皆にあまねく「量的」労働生産性の上昇をもたらす機械設備の発達は、「金額的」労働生産性や収益性を高めるものでもなければ、売上高の増加を生み出すものにも一義的にはなりえない。

自分にだけMSワードやMSエクセルといったソフトが与えられるのであれば、それで効率が上がった分だけ給料は上がる。しかし、現実はそうはいかない。全員が同じだけ効率化されれば、どんなに仕事を早く終わらせても、みんなも早く終わらせることができている。だからこそ、まわりに劣らないよう、がんばり続けなければいけなくなる。

さらに、効率化のためのソフトウェアが仕事を増やす悪循環も発生する。パワーポイントが登場したことによって、パワーポイントで会議の資料をきれいに作る仕事が増えたのだ。

こうして、ホワイトカラーは生産性が上がってできた時間に、さらにスキルアップを図って生産性を上げようとし、負のスパイラルに陥っていく。ビジネス書を読んで得られる仕事術や、すきま時間で勉強して取れる資格も、コモディティ化していくスキルに過ぎないからだ。

生産性が上がって、いままでの仕事を半分の時間でできるようになったとする。さて、あなたはなにをするだろうか。

経済学では、労働生産性が高い人は、ある程度まで稼いだら満足して労働量を増やさないと言われてきた。しかし、先にあげたホワイトカラーは、効率化された時間をさらに仕事にあてるようになった。本来はそこを、付加価値を生み出すために使うべきなのだ。ゆったりと過ごすことで脳を活性化し、クリエイティビティを高めるほうが、よっぽど将来的な時間価値を上げることができるだろう。超過利潤というのは、イノベーションやクリエイティビティから出てくるものなのだ。

ここでの注意点は、クリエイティビティやイノベーションという言葉から連想される特殊な人の話ではないということである。どうしても、これらの語彙から連想されるのは、音楽や映像を制作しているような「クリエイター」、世界的に有名な建築家やアーティスト、新進気鋭の有名レストランオーナーシェフのような人たちかもしれない。

しかし、多くのビジネスはそのような極めて特殊な人たちの創造性で、ここまで成長してきたわけではない。戦後の日本のビジネスの成長を支えてきたのは、日々の業務プロセスをコロンブスの卵的に切り替えることや、優秀な外部人材を一本釣りして既存組織を活性化することなど、微小ながらも効果的な創造力が起点となって行われてきた。イノベーションやクリエイティビティは、特殊な人たちの突飛な話ではなく、誰でもどの企業でも発見・利用しうるものであると思う。それはむしろ企業のあり方や個人の心のあり方（マインドセット）の問題なのかもしれない。

一方、マインドセットを変えられない限り、「まわりよりも仕事量を増やすことで給料（社内評価）を上げよう」という発想からは逃れられない。しかしながら、仕事の時間を増やして給料を上げることは、自分の時給、すなわち時間価値を上げることにはならないのだ。

時間がないからこそ、人に会わなければいけない

付加価値型のサービス業で成果を出すために、簡単な方法がある。人に会うことだ。むしろ、人に会わない限り、ユニークな価値は生まれない。それは、情報というものの相対的価値が下がっているからである。インターネットに公開されている、誰もが手に入れられる情報ではダメなのだ。ニュースで知った記者クラブの取材情報ではなく、直接その人から聞いた話にこそ価値がある。

私自身のビジネスの原体験に照らしても、人と会うことの重要性を痛感している。野村総合研究所で証券アナリストとして社会人生活をスタートしたが、当時から先輩に「オフィスでお茶を飲むな。お茶を飲みたければ、担当企業を訪問して、情報を取りながらお茶を飲め」と口を酸っぱくして訓練された。

確かに、証券アナリストの業務は、担当企業の属する業界の市場動向や各企業の財務データの分析など机上でできることは少なくない。しかし、担当企業のIR担当者、IR担当役員、社長と徐々に上席の人とのインタビューをしていくと、机上とは

まったく異なる景色が見えてきたことが少なくない。そして、その新しい景色をベースに論理構成したレポートやプレゼンテーションは、他の証券アナリストと差別化することが可能となり、それなりに高い評価を得ることにつながった記憶がある。

さまざまな情報が手に入るようになった時代、最終的に残るのは、1対1で話をすることの価値だけなのだ。特別な人と、特別な関係でつながりたいという欲求は根源的なもので、なくならない。

電話ができる前は、連絡できる人の数には限界があった。せいぜい10人としよう。それが、電話ができて、すぐ連絡できる人の数は100人に増えた。こうなると、その10分の1の10人には直接会わないと特別な関係にはなれない。ネット時代、1000人につながれるようになったのなら、100人に会わなければいけないのだ。情報通信技術が広がれば広がるほど、会わなければいけない人の数は増える。

情報通信端末がこれほど広がった現在でも、情報産業の権化であるような投資銀行でも、重要な情報交換はフェイス・トゥ・フェイスで行われている。私自身も、証券アナリストをしていた時期、投資アイデアをメールやウェブで投資家に配信したとしても、同様の内容を音声メッセージで投資家の留守番電話に録音したり、年に1〜2度は米国や英国に出張して直接ディスカッションしたりしていた。しかも、複数の投資家を集めたグループミーティングではなく、個別の投資家と1日に何件もミーティングをこなしたりしていた。

また、現在共同代表を務めているコンサルティング会社でも同様である。クライアントの約半分は、本社が東京以外にある。日々の情報交換は電話、メール、TV会議システムなどを使うが、重要なディスカッションや会議はクライアント本社に出向いて、膝詰めでディスカッションをしたり、説得をしたりする。

やはり、最終的に残る価値は、1対1で話をすることなのだ。

情報通信技術の先端を担っているITベンチャーのトップや、彼らに投資するベンチャーキャピタリストが属しているのは、日本よりも濃いネットワーク社会だ。彼らは、100人に会わなければいけない必要性を実感している。だからこそ、シリコンバレーに群れて存在しているのだ。金融サービス業の主要なプレイヤーが、ニューヨーク、ロンドン、香港、東京の丸の内などに群れているのも同様の理由だろう。

特別な人の時間価値は高い。自分とのコミュニケーションに時間を割いてもらうには、会いに行くのが一番いい方法だ。結局、人間のコミュニケーションの根本とクリエイションというのは、切っても切れない関係にあるのだと思う。

時間資本主義時代の勝ち組・負け組

ここで、現代の職業人をマッピングするためのマトリクスを紹介しよう。このマトリクスのどこに属するかで、時間の使い方が大きく変わってくるからだ。

縦軸は、収入である。上に行けば行くほど収入が高くリッチなお金持ち、下に行くほどプアな貧乏……と言うと語弊があるが収入が低い人。横軸は、時間の有無である。右に行けば行くほど時間がある「時間リッチ」、左に行けば行くほど時間のない「時間プア」となる。

＊伝統的エリート――お金はあるけど時間がない！

前述の、「時間の効率化」によってできた時間をスキルアップや残業にあてている大企業のホワイトカラーは、左上の人たちだ。ここには、コンサルティングファームに勤める人や官僚の少なくない人たちも含まれる。戦後の日本の経済成長における「伝統的エリート」層と言える。もちろん、形式的な属性でこのカテゴリーに入る人が全員というわけではないし、クリエイティブな仕事方法を実践している人もいると思われるし、右下のように漫然と生きている人もいると思われる。ただ全体感としては、多くの所属構成員がこのカテゴリーに入ると考えられる。

図６　時間とお金と人材のマトリクス

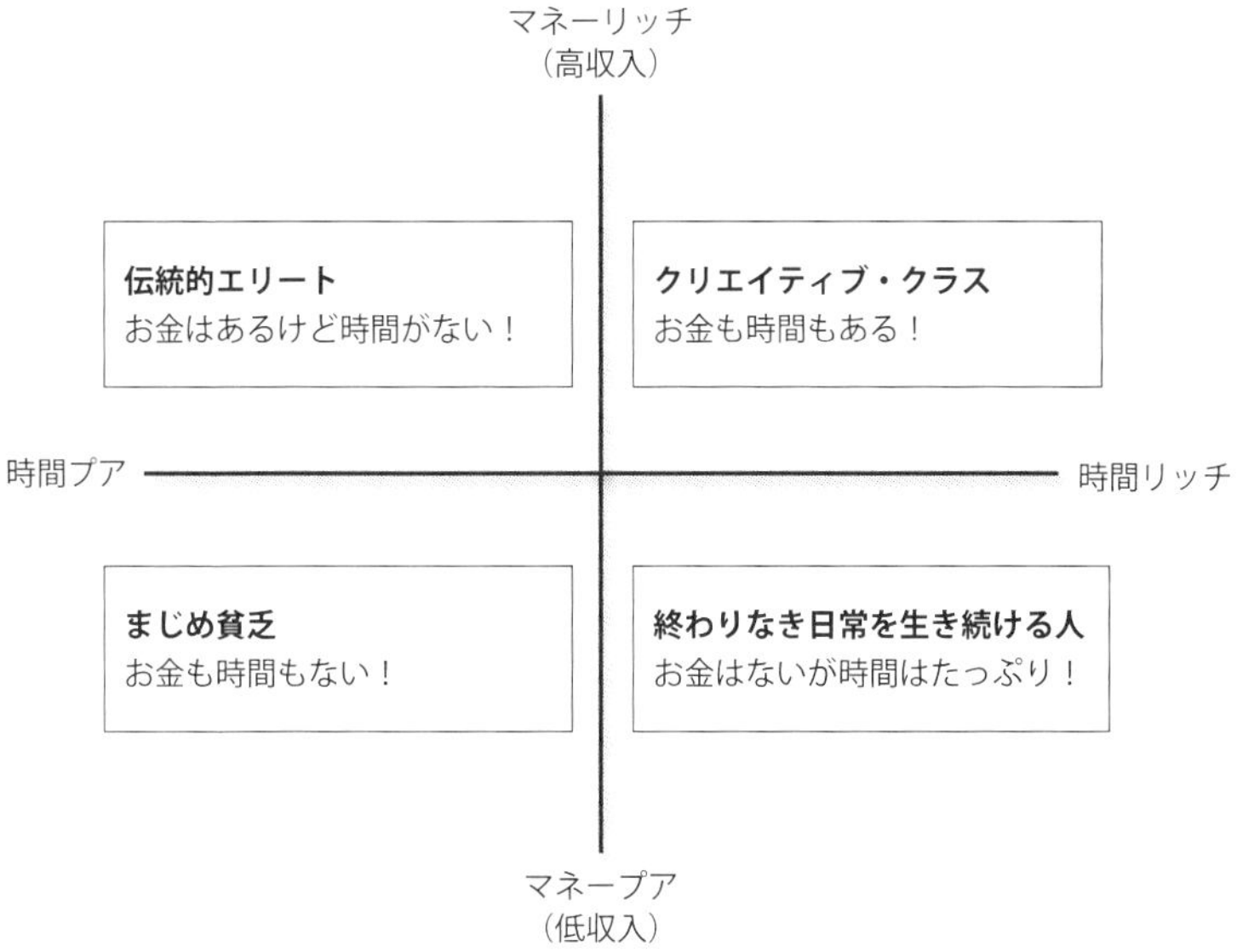

この人たちの給料は、過去からの経緯で現状高い。だからこそ、給料が下がることに恐怖を覚え、労働量を増やす方向に努力している。本来的には、IQも高く、創造的な仕事をすることも潜在的には可能な人が少なくないが、さまざまな理由で伝統的な幸福感の追求を行っている。

このカテゴリーの人は、まじめに努力することができ、勉強熱心という特徴もある。ビジネス書を多く読破したり、異業種交流勉強会に積極的に出席したりするのも、このカテゴリーの人の特徴である。こうした情報や人的つながりを獲得しようとする行為自体は間違っていない。ただ、創造的な時間を持つことに興味がないのか、罪悪感があるのか人によるが、自分に与えられた「かたまり時間」だけでなく「すきま時間」も「時間の効率化」志向でスケジュールを埋めていくことが特徴だとすると、そこは改める余地があるのかもしれない。

伝統的エリートの人の中には、従来のマインドセットを持ちながら新しい時代の変化に対応しようとして、メンタル面で適応不全を起こしている人もいる。これまでは、まぎれもないエリートだったものが、実は時間資本主義時代には負け組となりかねないリスクを抱えているのが、このカテゴリーの人たちなのである。

＊まじめ貧乏――お金も時間もない！

左下の人たちは、左上の人たちのような高度な事務処理能力は持ち合わせていないが、日の前の仕事をしっかりとこなしていくことの価値を重くとらえ（これ自体は悪いことではない）、やはりまじめに働いている人たちである。

ただ、戦後の日本の経済における価値観において、こうした労働力に対して高い対価を払うという企業は少なく、結果としてこれらの人たちの賃金は低く抑えられているので、本書でも大変失礼ながら「まじめ貧乏」という必ずしも芳しくないネーミングをさせていただいている。賃金は必ずしも高くないのだが、幼いころからの教育や自らの信条などさまざまな理由でまじめに働く人たちである。多くのビジネスを支えている人たちでもある。

例えば、飲食店の店長などがマッピングされる。ブラック企業と言われるところで働く人たちなどは、ここに入る。高付加価値型ではないサービス業で働く人は、一般的にこのカテゴリーに分類される。もちろん、「伝統的エリート」のところで記述したように、例外的に違うカテゴリーのような働き方をしている人は少なくないが、本書をわかりやすくするため、あえて乱暴ながら簡素化したカテゴリー区分としている。

このカテゴリーの人が右下と比べて多いか少ないかが、近代国家の経済的発展の成否を決めてきたと言っても過言ではない。特に、後進国から工業化によって近代国家を形成していく過程では、圧倒的に国家建設に役立った層であり、今後も経済運営を支える層である。また、本人自身も、まじめに仕事をしているという自負もあり、幸福度も自分なりに高い人が多いのではなかろうか。このカテゴリーの人たちが不満に思うほど、所得や生活水準の二極化を起こさせないことが政治の安定の肝要だろう。

＊クリエイティブ・クラス（新興エリート）——お金も時間もある！

お金もあって時間もある。図では右上に位置する層を、「クリエイティブ・クラス」と名付けている。言うまでもなく、時間資本主義時代の勝ち組だ。

「クリエイティブ・クラス」とは、もともと経済学者兼社会学者であるリチャード・フロリダ氏が提唱した概念であり、米国の主要都市が高付加価値型サービス業に転化していく過程で経済成長の推進力として定義されたグループである。フロリダは、「クリエイティブ・クラス」を「スーパー・クリエイティブ・クラス」と「クリエイティブ・プロフェッショナルズ」に大別し、前者を科学・工業・コンピュータ・芸術・デザイン・メディアなどに従事する人、後者を健康管理・金融・法律・教育に従事する人と分類した。そして、これら「クリエイティブ・クラス」の人たちが、今後増加することで経済成長を牽引すると説いた。

本書ではフロリダのこの概念に近いのが右上のカテゴリーと考え、「クリエイティブ・クラス」という言葉を借用している。ベンチャー企業の創業者などもこのカテゴリーに分類してもいいかもしれない。また、当然のことながら、大企業や中小企業において普通に従業員として働いている人の中にも、このカテゴリーのような精神と行動様式で日々を過ごしている人も少なくないと推測する。

彼らは意識的に楽をしようとしているわけではないだろうが、既存のルールで競争する気はない。そこには未来がないと感じているからだ。

このカテゴリーの人は、まじめにコツコツ仕事をする人もいるし、そうでない人もいるが、総じて人との出会いを積極的に行っている。また、さまざまな価値観を持っている多様な人と交わってさらにクリエイティビティを高めている人も多い。

一方、中には、同じような年代で同じようなバックグラウンドを持った人たちとだけつるんでいる人もいる。また、他の分野の人間や、他のカテゴリーの人たちへの理解度が乏しい人もいる。クリエイティブ・クラスに初期的に分類されたとしても、こうした人間はおそらくクリエイティビティや社会性をなくしていき、このクラスからの脱落につながる可能性があると思われる。

＊終わりなき日常を生き続ける人――お金はないけど時間はたっぷり！

右下には、アルバイトで食いつなぐフリーターなどが入る。ブログのアフィリエイトなどで稼いでいる人などもここだろう。左下と同じ仕事をしていても、あくせく働く気はなく、時間になったらさっと帰る。日本経済が高度に発達して、こうした行動規範の人たちが幸せに暮らしていけること自体、戦後資本主義の勝利なのかもしれない。

この人たちは時間に追われることなくわりと楽しく暮らしており、そういう意味では彼ら彼女らもまた時間資本主義時代の勝ち組なのである。ひと昔前であれば、ゲームセンターやパチンコなど幾ばくかの金銭を払わないと無限に広がる日常を時間消費することができなかったが、最近のソーシャルゲームの発達により、安価に時間消費が可能となったことも、この人たちには朗報である。あるいは日々の世の中の動きも、ネット上の情報をずっとトレースしていればそれなりに把握できてしまう。

本当は、彼ら彼女らの日常時間は、こうしたソーシャルゲームやネット上の検索エンジンなどを見る際に画面上に出てくる多くのバナー広告という仕組みで、社会に無自覚的に包摂されているのだ。実は、彼ら彼女らだけでなく、多くの人は日々のネット閲覧でバナー広告などそれほど見ない。しかし、バナー広告が消費者のアテンションを引き付けるという大きな物語で少なくない産業や企業が成り立っており、彼ら彼女らの日常は細分化された時間として、薄く広くこの物語に還元されることで、彼ら彼女らの日常は成り立っている。つまるところ、社会学者の宮台真司氏の言う「終わりなき日常」を生き続けているのがこの象限である。

＊＊＊

右上と右下は世間的に見れば離れているが、実は共通点が多い。例えば、ソーシャルゲームのユーザーはこの2つの象限にまたがっている。ユニクロを抵抗なく着るのもこの2象限の人たちだ。

もちろん、左の人たちもユニクロを着ることはあるが、ブランド品にも価値を感じている。左の象限の人は、他者との比較によって成り立つピラミッドの中で生きているからだ。それにより、生きづらさを感じやすい。メンタルヘルス関連のビジネスのターゲットとなるのは、彼ら彼女らだ。

伝統的な近代国家においては、圧倒的に左上象限のカテゴリーが勝ち組だった。高い事務処理能力を背景に、高い給与や地位を獲得し、社会から羨望のまなざしで見られていた。しかし、ＩＴが発達し、時間資本主義社会が到来すると、こういった順位づけに変化が出てくる可能性がある。高度な事務処理能力はＩＴにとって代わられる一方、肉体労働や力仕事の重要性は依然として残ったままである。むしろ、少子高齢化によって若い力仕事の担い手が少なくなっている。また、各企業は新しいビジネスを起こしたり、他社との差別化をしたりするためにクリエイティブな人への需要を高めていくことが予想される。

これからは、時間に余裕のある人ほど有利となる。

もちろん、一定程度の事務処理能力を保持した高学歴人材へのニーズは残るものの、左上カテゴリーに対する社会のニーズは漸減するだろう。一方、クリエイティビティと力仕事への需要は高まってくる。こうした動きに加えて、海外の人材や移民人材との競争も生じてくる。こうなると従来の勝ち組・負け組の図式は崩れてくる。ひょっとすると、右上と左下への需要が高まって新たな勝ち組が生まれるかもしれないし、左上で新しい時代の到来を受け入れられない層は精神的な不満がうっ積するかもしれない。

さて、あなたはどこに入るだろうか。

＊7　国税庁『平成24年 民間給与実態統計調査』

第９章　公私混同の時代

時間資本主義では、公私の境目が溶け出す

主要産業が製造業から付加価値型のサービス業に移り変わると、必然的に人々の生活は「公私混同」になる。

製造業の工員は、仕事にプライベートが入り込む隙はない。食品の工場を想像するとわかりやすい。作業服に着替え、帽子とマスクをし、塵埃ひとつない状態にして作業場へ向かうという状態では、公私混同しようがない。

時間という観点から言えば、製造業の工場ラインでの労働とは、工員が生来保有する時間のうち１日８時間という「かたまり時間」を、資本家や経営者に販売して、対価としての賃金を得るシステムである。工員にとって「かたまり時間」として投入された経営資源は、時間１単位あたりの製品製造量が重要である。製品がいくらで売れ

るかということは、市場の需要と供給のバランスや、会社の本部のマーケティングや商品戦略によって決定されるものであり、工場における「量的」労働生産性とは独立している。このため、そもそも「かたまり時間」にプライベートを溶け込ませることはできないし、創造性を発揮して「量的」労働生産性以上のものを求めるインセンティブも少ない。

一方、ホワイトカラーの仕事は、もともと公私混同がしやすい状況にあった。好きなタイミングで席を立つことができるし、机で何をしているか逐一チェックされているわけでもないからだ。つまり、もともと「すきま時間」を無自覚に保有していたという素地があったところに、スマホが現れ、「すきま時間」を飛躍的に有効に使えるようになった。そもそも、日本国内において工場ラインでの労働自体が減少して、法人として製造業という冠を持っていたとしても、多くの国内従業員がホワイトカラーとなっているため、社会全体の総量としてのホワイトカラーは急速に増加している。結果として、さらに公私混同が進んだ。

スマホによる公私混同の加速には目覚ましいものがある。パブリックとプライベートの境目は不可逆的に溶け出している。例えば、スマホのメールアプリを開くと、仕事のメールも、家族からのメールも、買い物をしたショッピングサイトからのＤＭ

（ダイレクトメール）も、みんな一緒のアドレスに届いているのが見える。会社のメールアドレスと個人のメールアドレスを同期しなければ、分けることも可能かもしれないが、早いレスポンスを求められる仕事をしている人には、同期は必須だろう。

情報集積度が高い人には、さらに多くの人からの情報アクセスがあり、その集積度合いは急速に増していく。これはクリエイティビティの格差につながり、ひいては「金額的」労働生産性の格差となり、収入の格差となる。こうなると第二次産業のときに想定していた時間あたりの「量的」労働生産性の意味が希薄化し、偶発的クリエイティビティを高い頻度で発生させられる組織や個人が、超過利潤を獲得する世界が生まれてくる。

よく考えてみると農業や林業、漁業などの第一次産業が主要産業だった時代は、もともと公私は混同していたのだろう。生活と仕事は密接であり、はっきり分かれているものではなかった。それが、第二次産業に移行したために、公私の区別がつけられるようになった。仕事に私を持ち込むことが許されなくなったのだ。資本や労働力といった、大きな固形物のような存在としてひとまとまりにされて、人間性を疎外されていったのがこの時代だった。そもそも、マルクスは、労働とプライベートをしっかり区分けすることで、労働者を守ろうとしていた。労働者の居住地も、労働の場所とは引き離すべきだと主張していた。第二次産業をベースにすれば、至極当然の主張だったかもしれないが、第三次産業が隆盛となった現代にはなじまなくなってきた考え方かもしれない。

しかし、第三次産業が主流となったいま、また公私混同の世界が戻ってきた。第一次産業のような働き方が復権してきたと考えるとおもしろい。つまり、現代ではスマホなど新たな情報通信端末を駆使して、自らの与えられた時間の配分を自らで「選択」して公私混同の時間を使い分け、労働としての成果を上げながらも、プライベートの時間も充実させるという可能性が出てきたのである。

これは、同じ仕事であっても、「やらされた感のある仕事」と「自ら選択した仕事」では、私たちの精神に大きな影響があるという観点からも合点がいく。インドからの移民二世で、全盲ながらコロンビア大学のビジネススクール教授に就任したアイエンガー女史は、『選択の科学』で生命を持つものが選択を自ら行って動くことの重要性を説いている。

この本では、コネチカット州の高齢者介護施設の例が紹介されている。入居者を2グループに分け、一方には各人に機械的に鉢植えを配り、一方には各人に好きな鉢植えを自ら選んでもらい、その鉢植えの世話をさせる実験だ。つまり、前者は「受動的」であり、後者は「自ら選んで」一種の労働を行うということだ。３週間後、前者は70％以上の人の健康状態が悪化したのに対し、後者は90％以上の人の健康状態が改善したとのことである。

別の例は、ゾウの寿命比較である。野生のアフリカゾウの平均寿命は56歳だが、エサなど何不自由ない動物園で生まれて飼育された場合の平均寿命は17歳に過ぎない。この本には、これ以外にも自ら選択した生を生きる場合と、与えられた生を生きる場合との間に生まれる大きな心身格差の例が数多く紹介されている。いま生じている公私混同の世界は、生物学的に見ても、より健全な方向性なのかもしれない。

ただし気を付けなくてはならないのは、プライベートとパブリックの染み出しによって最終的に決まってくる時間の配分である。例えば、前述のマトリクスの左上の人のようにがんばろうとすると、私の中に公（仕事）がどんどん侵食してくることになる。土日に出かけているときも、手元のスマホに仕事の連絡が来たら、その場で対応してしまう。スマホなど携帯できる情報通信端末の技術が発達すればするほど、土日の行楽地や自宅のリビングルームが一瞬にして仮想オフィスへと早変わりしてしまう。まさに、技術の発達によって時間と空間（合わせて「時空」）の制約条件が、仮想ではあるものの薄弱となり、公（仕事）が洪水のように浸透してくる。

そうして、プライベートがますます削られていくのだ。

時間価値の高い人は、「公」に「私」をどんどん混ぜる

しかし、逆の公私混同も同時に進行している。仕事の中に私的な時間が混ざり込んでくることも当然あるだろう。例えば、ミーティング中に別件のメールをしたり、ウェブを閲覧したり、あまりに気がそれているときはSNSを見たりしている人もいるのではないか。こうして、仕事の中に私を染み出させているという公私混同も、また存在する。

そして、クリエイティビティの高い人、つまり付加価値型のサービス業において最も価値を出せる人ほど、公私混同を許されるようになる。彼ら彼女らが就業中に仕事とまったく関係なく見えるウェブサイトを見ていたとしても、それをとがめられるだろうか。もしかしたら、それはすごいアイデアにつながるのかもしれない。昼寝だって許さざるをえないだろう。電話がかかってきて「ちょっとごめん」と言われたら、「どうぞどうぞ」と笑顔で促す。そういう対応を受けるのが、クリエイティブ能力の高い人だ。

現代で最も必要とされる能力を持っている人に、まわりは合わせなければいけな

い。そうして、公私混同ができない、つまり、周囲から公私混同が許されない人は、時間資本主義の負け組になっていく。クリエイティビティの高い人に翻弄されて、自分のしたいことや、自分の創造性を発揮することに時間を使えないからだ。

できることといえば、クリエイティビティの高い人をなるべくフォローすること。彼らが自由な行動を取っても、業務が安定的に回るようにする。それはそれで、必要な仕事である。そして、成果を上げ続ける人の近くにいれば、自ずと自分の仕事の重要性も高まる。そのうち、その人の仕事をフォローする、さらに下位の人が現れるだろう。こうして、クリエイティビティの高い人を頂点とした、小さなピラミッドができていく。もちろん、そのトップにいる人は、他におもしろそうなことがあると、その組織をひょいと飛び出してしまうのだが。

クリエイティビティのヒエラルキーでトップにいる人は、むしろ時間の効率化にとらわれていない。キュレーションメディアに頼るのではなく、時間をかけても原書にあたる。もしくは、自ら体験しに行ったり、話を聞きに行ったりしている。クリエイティブなモノ・サービスを生み出す人と、それを享受する人は、別の時間の使い方をしているのだ。

もちろんクリエイティビティの高い人も、ムダな時間の効率化はしている。しかし、そこでさらに働くのではなく、ぼーっとしたり、楽しいことをしたりする時間にあてているのだ。

　アイデアがひらめくタイミングのトップ3は、寝る前、バスタイム、散歩中だと言われている。会議に出席しているとき、会議の資料を作っているときなどに、クリエイティブなアイデアは出てこない。クリエイティブな人は不快な時間や事務作業を極力減らして、クリエイティブな時間の比率を増やしている。クリエイティブな人は、ルールに従って努力をするより「楽をしたい」人に多いのだ。

要素価格均等化定理に対抗する関サバ

　時間価値の低下は、今後、ホワイトカラーにだけ起こる問題ではない。

　自分の労働力が、世界中のグローバルな競争にさらされる時代がやってくる。そう聞くと、「大げさだ」「グローバル人材などというまやかしは聞き飽きた」という人もいるだろう。

　しかし、経済学における「要素価格均等化定理」では、グローバルな自由貿易が実現すると、財貨の相対価格、資本、労働などの要素価格が均一化の方向に向かうと言われている。

まず売り買いされる商品から物の値段が均衡していき、売り買いされていないものにまでその影響が波及していく。商品価格からはじまり、土地の値段に影響が出て、最終的に1人ひとりの時給までが、世界中でフラットになっていく。こうしてどんどん発展途上国は資本主義に組み込まれていくという、恐ろしい定理である。

実際、1980年代は日本の物価、地価、人件費、株価は押しなべて、主要先進国と比べて極端に高い水準にあった。株価水準を示すPER（株価収益率：株価÷1株あたり利益）は東京証券取引所全体でもゆうに30〜40倍（世界平均は10倍台半ば程度）となっており、ビッグマック指数などで見ても日本の物価の高さが実感できた。そして、マイホームは一般サラリーマンにとっては夢のまた夢で、都心から電車で1時間離れたニュータウンにローンでマンションを購入するより他はなかった。

しかし、バブルが崩壊し日本の株価はあっという間にグローバルで見て平均的なPER10倍台となった。株式など金融資産は売買が短時間で行われ、市場がグローバル化した瞬間に短期間で各地の取引所での価格がグローバルで見て平準化されるためである。株価がまずはグローバル価格となったが、次いで物価や地価がグローバル価格となった。東京都心の一部のエリアを除き、地価は下落傾向をたどり、衣料品など輸入が比較的容易なものから価格がグローバル化した。そして、最後に残った人件費が、今後時間をかけてグローバル化するのだろう。

もちろん、完全競争状態にあること、輸送費や関税などの貿易障害がないこと、国ごとに趣向が同じであるなど、制約条件がそろった場合に限るとされているので、現実にすぐ適用できる定理というわけではない。私が大学の講義でこの理論について聞いたときには「そんなことがあるわけがない」と思ったものだ。しかし、これは徐々に現実のものになりつつある。

自分の仕事は日本語だけを使い、日本人を相手にしている仕事なので関係ない。そう思っている人も巻き込まれてしまうのが、この要素価格均等化定理のおもしろいところだ。グローバルで活躍できる人は需要が増えて給料が上がっていくし、グローバル化がスタンダードになればなるほど、日本語の需要は落ちていくので、日本語だけで仕事をしている人の給料は下がっていく。時間をかければ、国同士がつながっている限り、自分は直接関わっていなくても、グローバルプライスに連動してしまう。言語の壁では守れないのだ。

社会科学系の花形知的商売であるコンサルティング会社や投資銀行などでも、すでに一般的な情報収集や資料作りなどは、インドなど国外にアウトソースする動きが増えている。また、大手企業では、経理や総務などコーポレートスタッフの業務を、アウトソース会社に委託することが一般的となっているが、これらアウトソース会社はその業務をインドなど新興国の拠点で行っている。こうしてホワイトカラーの業務は分化され、本当に付加価値のあるところ以外は、どんどんグローバルで見た優秀でローコストなプレイヤーに移管されていくこととなる。

そこで、グローバルでも価値を発揮できる独自性を身に付けなければいけない。言うなれば、ただのサバではなく、関サバにならなければいけないのだ。関サバは、アメリカのヘルシー志向のセレブに対しても、中国の富裕層相手にも勝負ができる。

自分独自のブランドは、どこで構築できるのか。すべての時間価値がフラットな競争にさらされる時間資本主義社会では、関サバになることを目指すべきである。

全員が専門職になり、値付けされるようになる

自分の時間価値がグローバルな労働市場で比較される世の中になると同時に、身のまわりの人とも相対的な時間価値を比較される時代になった。誰も口には出さないけれど、みんな頭の中では、さまざまな時間価値を比較して自分の行動を決めている。つまり、他の人に会える時間、他のことができる時間を割いてまで、その人に会うべきなのか、という問いに答えを出すために、そろばんを頭の中で弾いているのだ。

Aさんは、Bさんに1時間会う時間を割くくらいなら、仕事をしていたいと思っているが、Cさんには片道30分の時間をかけてでも会いに行きたいと思っている。一方、Cさんは、Bさんと1時間会えるのであれば、いまやっているゲームを中断してでも会いに行きたいと考えている。このように、AさんとCさんで、Bさんと1時間会うことの時間価値は変わってくる。

こうした「値付け」を無意識にしているのが、時間資本主義の時代だ。あるいは、第5章で指摘した通り、時間資本主義の時代には、無駄な時間コスト「サンクコスト」を払いたくないので、会っても意味がない人との時間価値の期待値は大きく下がり、優先順位で劣位に置かれることとなる。各人で、自分以外の人間に対する時間価値での順位付けがなされるのである。

さらにスマホが普及したことで、30分、1時間でできることが増えた。そうなると、人の時間価値との比較だけでなく、さまざまなサービスがもたらすメリットとも競争しなくてはいけなくなったのだ。

弁護士やコンサルタントが、1時間で5万円のフィーを設定していたとしよう。しかし、その人たちだって、友人と会うときには1時間で5万円を稼いだりはしない。場所や状況によって、その人の時間価値の値付けは変わってくる。弁護士やコンサルタントなどは、自分の時間に値段が付いていることを意識しやすいが、そうでない人にも値段が付くようになったということだ。

これは、「インターネットを使って、自宅でひとりで働き、組織の庇護を受けることなく自分の知恵だけを頼りに、独立しているとともに社会とつながっているビジネスを築き上げた」人たち、フリーエージェントの仕事スタイル、価値観を詳細にまとめた、ダニエル・ピンク氏の『フリーエージェント社会の到来』で書かれていた社会にも通じている。

本書は2001年に初版が発行され、本国アメリカでは熱狂的に受け入れられたが、日本版（2002）の売れ行きは期待されたほどでもなかった。まだこの頃はスマホも普及していない。日本で場所や組織に縛られずに働くことが本格的に可能になったのは、ここ2、3年のことではないだろうか。それは、「ノマドブーム」なども含めた、文化的な転換も寄与している。フリーエージェントという働き方は、日本では少し早すぎたのかもしれない。しかし、この本には働き方が変わることによって仕事の時間とプライベートの時間が曖昧になっていくなど、私が考えていたことと共通する部分も多い。改めて読むことで、アメリカで起こった働き方の革命と、日本で起こる革命はまた違うだろうということも見えてきた。

今後、情報通信端末など技術のさらなる発達によって、フリーエージェントという働き方はより広がっていき、真の意味でのプロフェッショナルがフリーランスとなっていくだろう。そして、現在の揺籃期に生まれたフリーランスはより厳しい競争の波にもまれて淘汰されていくこととなるだろう。こうしてフリーランスの強く新しいプロフェッショナルが生まれた世界においては、既存の仕組みである「法人」や「会社」というもののあり方が大きく影響を受ける。

フリーランスで働く新しいプロフェッショナルは、本社部門など間接部門を持たない。オフィスも自宅などであり、一般的に既存の企業に比べてコスト競争力が強い。しかも、企業が義務付けられている労働基準法の順守などの制約条件もないため、クライアントから見るとフレキシビリティが高い。こうした新しいプロフェッショナルは国内外で急速に増えてくるため、既存の企業は価格競争など大きな脅威に迫られることになる。

その際、企業や法人とは一体なんなのか？　という根源的な問いを突き付けられることになるだろう。優秀な人材はフリーランスで働くか、企業に正社員で雇用されるかでは、自らの能力や経験を高めてくれる仕事を継続的に供給してくれるか、あるいはそのような同僚が豊富かどうか、といった継続的経験値の供給能力がポイントとなるかもしれない。逆に、企業や法人からすると、単に優秀なだけの人材であれば社外の協力先として抱えておくだけで十分であり、固定的な人件費の対価として社内に雇用したい人材は、社内の他の人材と協力し合えることで創造的な能力を発揮できるという素養の持ち主かもしれない。

個人の時間価値に話を戻そう。その人に会いたいと思う人が多い人、その人になにかしてほしいと思う人が多い人の価値は相対的に高まる。こういった人が自分の時間をこま切れにして売るタイムセールを本格的に始めたときに、人材の評価の仕方は、現行のものとは異なってくるだろう。いまの社会で必要とされている人は誰なのか、価値を生み出しているのは誰なのかがよりはっきりするからだ。

そして、上位の限られた人たちの時間価値をさらに高めるために、その他の人たちの時間が使われることになる。

第10章　時間価値と生産性の関係

労働生産性と創造生産性

ここで、何気なく使ってきた「生産性」という言葉について考えたい。通常、生産性として考えられているのは、労働生産性のことだ。投入した労働量に対して、どれくらいの生産量が得られたか。投入した労働量を時間で表すとすると、短い時間でたくさんの生産量を上げられる人は生産性が高く、長い時間をかけて少しの生産量しか上げられない人は生産性が低い、ということになる。

左頁の図7では、簡素化のために、投入される労働時間とその生産量を直線の関係で描いているが、実際には労働投入量の増加に伴う限界的な（追加的な）生産量は漸減する産業が多いため、右上に行けば行くほど、生産量の増加スピードは緩慢になることが推測される。

図７　従来型産業の労働生産性の従来イメージ。時間をかけたAさんのほうが生産量が多い。また、機械化や技術の発達で労働時間あたりの生産性が上がると直接の傾きが大きくなる

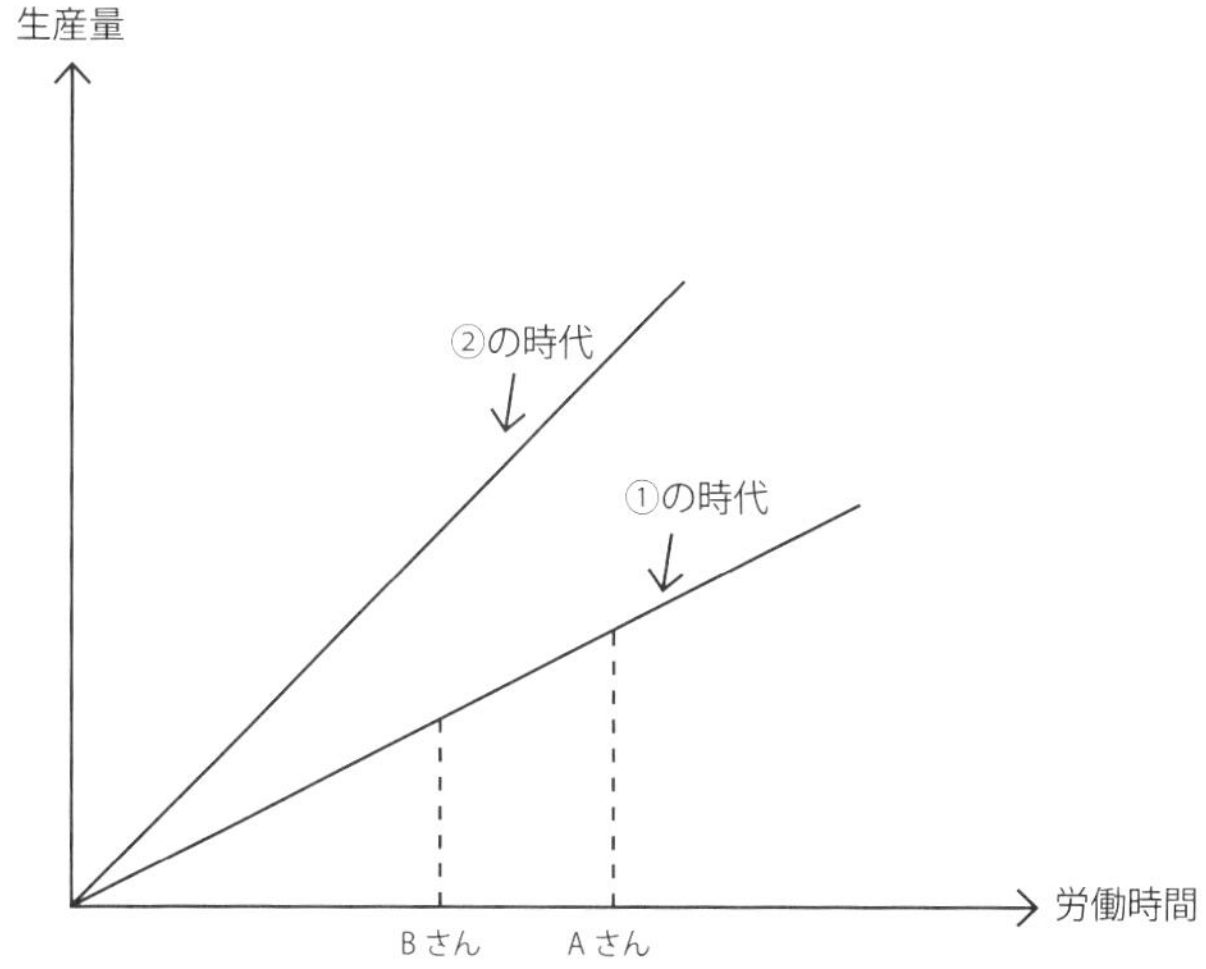

前頁の図7をさらに補足しておこう。新しい機械や技術が導入されると、労働者の労働装備率が上昇し、労働時間あたりの生産性が上がる。生産性は直線の傾きで表されるため、技術進歩によって①の時代から②の時代へと変化し、労働時間と生産性の関係を示すグラフは、上方へとシフトする。このような従来型産業の場合、労働時間を多く投入したAさんのほうがBさんよりも生産量は多くなる。

しかし、この議論の問題点は、生産性を量で考えていることである。前述したように、いくら新しい機械設備を投入したとしても（これは経済学では「労働装備率の上昇」と言う）、それは量的な製品の増加を表しているに過ぎない。もし、当該製品の需要が減退したり、供給過剰によって値崩れしたりしてしまえば、「量的」労働生産性は各企業の収益の拡大にはつながらない。そもそも、この「量的」労働生産性という考え方自体、極めて第二次産業を想定した考え方に影響されている。

現在重要な議論は、「量的」ではない。しかも、これから求められるのは、クリエイティビティによって価値を生む仕事であり、その仕事から生まれる付加価値、つまり「金額的」労働生産性である。それは、図7のような1次関数の直線では表せない。クリエイティビティによって価値を生む人の生産性を「創造生産性」とする。創造生産性の生産量は、図8の2次関数のような曲線を描いて上がっていくのだ。

図8　従来型産業とクリエイティブ産業の生産性イメージ

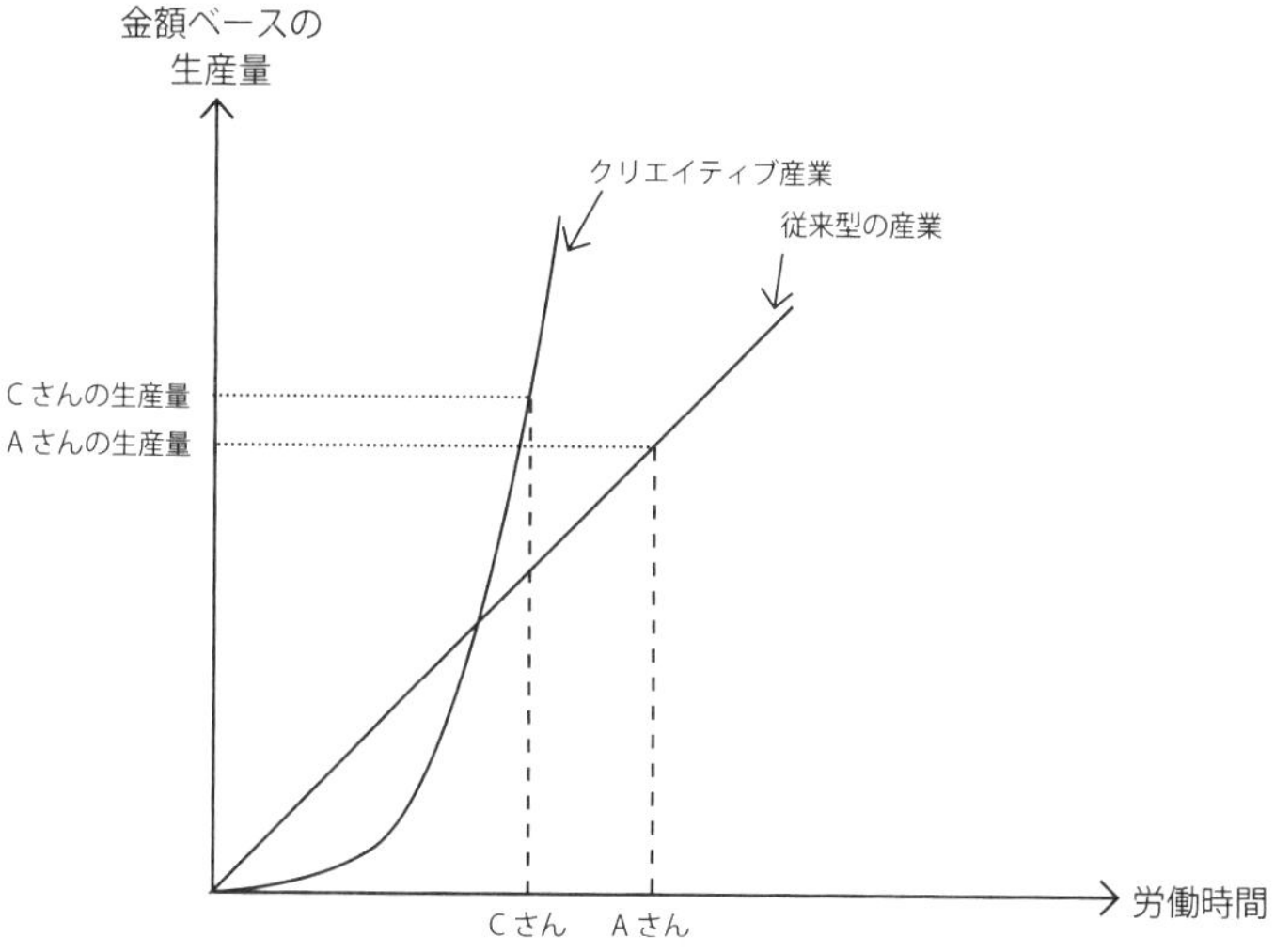

前述したように、一般には労働量を増加させると、生産量の増加は一定割合か、場合によっては限界的生産量の増加が小さくなっていく。しかし、クリエイティブ産業が成功する場合は、労働投入量と生産性の関係が幾何級数的になる性向を持っている。前頁の図8では従来型産業に属するAさんの労働投入量よりもクリエイティブ産業に属するCさんの労働投入量は小さいが、生産量はCさんがAさんを上回る。クリエイティビティをベースに付加価値を生み出す仕事は、労働量を増やすと、限界的生産量の増加は小さくならず、むしろ加速する可能性がある。これは、使っている経営資源が情報であり、情報という経営資源は幾何級数的にその価値を増大させる可能性があるためである。

前述のマトリクスで言うと、左上の伝統的エリートが労働生産性の高い人、右上のクリエイティブ・クラスが創造生産性が高い人だと考えると、イメージしやすい。労働を投下しはじめた当初は、労働生産性の高い人のほうが、生産量が多い。まじめにコツコツやるタイプの人が価値を生み出せるのだ。

しかしあるポイントを超えると、創造生産性の高い人は、少し労働時間を投入しただけで乗数的に生産量を増やすことができる。労働生産性の高かった人は、それまで下だと思っていた層にぐいっと抜かれてしまうので、さらに労働時間を増やして競争に勝とうとする。しかし、この直線と曲線が再び交わることはない。差は開いていくばかりなのである。

労働生産性の高いまじめな人から見ると、創造生産性が高い人は楽をしているように見えてしまう。しかしこれは、楽をしているのではなく、価値を生む仕組みが違うというだけなのだ。

伝統的に、労働生産性を上げていく方法ははっきりしていた。まじめに勉強をがんばり、いい大学に入って、大企業に就職する。そうすれば、日本国内で相対的に高い給料をもらうことができた。こうすればこうなる、という方程式があり目指しやすかったのだ。支払うコストとリターンがはっきりしているので、教育に投資しよう、就職活動に力を入れようという意欲もわく。それが、これまでの多くの人のイメージするキャリアプランだった。

労働生産性の世界はピラミッド構造になっていて、大学の偏差値のピラミッドが、そのまま企業価値のピラミッドに移行するという仕組みになっていた。これは非常にわかりやすく、東京大学を頂点とする大学の偏差値のピラミッドは、そのまま事務処理能力の高さのピラミッドと相似形になっている。

ちなみに、このピラミッドはホワイトカラーの仕事がなくなっていくのと同時に、崩れていくかもしれない。まず変化が起こるのは製造業だろう。

２０１４年９月末、日立製作所は管理職給与の年功序列を廃止した。グローバル化にともない、海外では通用しない年功制は廃れていくことだろう。そうなると、付加価値の出せる一部の人だけが残り、その他は「金額的」労働生産性が低下することとなり、給料は上がりにくくなる。場合によっては、転職・独立を余儀なくされるような人も出てくるのではないだろうか。いい大学を出て、大企業に入りさえすれば、給料が上がり続けるというルートはもうなくなる。

創造生産性の高い人は「たまたま」でしか現れない

創造生産性の高い人には、労働生産性の高い人とは違い、こうすればなれるという方程式はない。ただ、クリエイティビティの高い人が存在しているという、結果があるだけだ。クリエイティビティを高めるためのレールはどこにも敷かれていない。偶発的にそういう人が現れるというだけで、意識的に創造生産性の高い人になるのは不可能なのだ。

こういってしまうと身も蓋もない。法則性がなければ、社会科学としては意味をなさないため、個人の生き方や企業のあり方に対して、何も示唆しないことになる。しかし、ざっと思い出してみても、ある特定の時期に、特定の国や地域、特定の産業や企業で、高い頻度で創造性の高い人間の営みが行われた例が少なくない。つまり、クリエイティビティの表出頻度を高める環境づくりはできると思われる。

それは多様性への寛容さかもしれない。歴史的にみても、異邦人を寛容に受け入れた国や都市は強い輝きを放っている。中国の古都西安では、中央アジアからの異邦人や日本からの遣使を継続的に受け入れ、場合によっては政府の要職に就かせるなど、他民族への寛容度が大きかった。

あるいは、19世紀末のウィーンでは、ユダヤ系の優秀な人々への寛容度が大きく、精神分析学のフロイト、哲学者のヴィトゲンシュタイン、芸術家のクリムト、経済学者のシュンペーターなどキラ星の如きスターが現れた。現在の米国なども、将来的にはそういう評価がなされるかもしれない。中国やインドなどから優秀な学生を集め、彼らの英知が新たな産業を作っている。

誰もが創造生産性を高めよ、と言われる世界はつらい。全員がスティーブ・ジョブズになれるわけがない。

しかし、そういう人の価値が爆発的に高まる社会構造になってしまったのだ。

でも、想像してみてほしい。世界中の人がスティーブ・ジョブズになったら、社会は破綻する。個々のスティーブ・ジョブズたちも、本来の価値を発揮できないだろう。スティーブ・ジョブズのようなクリエイティビティあふれる人は、実務を支えてくれるまわりの人がいてこそ、存分に能力を発揮できる。そうしたまわりの尽力があってはじめて、成果が世界中に届けられるようになるのだ。単体では存在できない。

つまり、クリエイティビティあふれる人が輝ける環境づくりの有無は、究極的に重要な要素となる。前述した西安やウィーンの例のように、有能な人材が集まりやすい企業づくりとは、多様性への寛容さだと思われる。そして、有能な人材が経験値を積める場所、他の有能な人材と自由につながれる時間と空間づくりが、他の企業との差別化に最終的にはつながることとなるだろう。

もちろん、クリエイティビティあふれる人は、失敗も多い。安全性の高い貸付というよりは、リスクのある株式のようなものかもしれない。しかし、世の中に株式が必要なのと同様に、失敗の可能性を多く抱えるクリエイティビティあふれる人も必要なのである。要は、こうした人たちが活躍しやすい時空を提供して、創造的なサービスのシーズが生まれる頻度を高める環境づくりが今後の企業や国の優劣を決めるかもしれないということだ。

一方、伝統的な意味で労働生産性の高い人は、社会が変わろうと一定程度は必要となる。また、「モノ」の販売や交換はなくならないし、少子高齢化で力仕事の働き手がいなくなる我が国では、ひょっとすると前述のマトリクスの左上の「伝統的エリート」よりも、左下に位置していた「まじめ貧乏」のほうが長期的には有望かもしれないのだ。

少なからずの左上の「伝統的エリート」は、一部の創造生産性の高い人に、金額で見た生産量で負けて悔しい思いをするかもしれないが、それは本当に例外である。憎むのではなく、お互いに上手くコラボレーションすることで、労働生産性と創造生産性、双方の人材が、より生産量を高めることができるのだから。

いままでは、創造生産性の高い人間が重用される場が少なかったため、全員が労働生産性を高めるピラミッドを上がろうとしていた。でもこれからは、選択肢として創造生産性という道もあるようになった。そう考えるほうが、気が楽だろう。

ひとりの人間に、労働も創造も含まれている

偶発的に現れる、創造生産性の高い人が求められるこの世の中では、これという最適解は簡単な方程式では導き出せなくなった。ビジネスにおいても、企業のステージや環境によって課題が変わり、最適解も刻々と変わるようになったのだ。

それらの課題は、時間をかければ解決できるというものではない。創造生産性の高い人は、短時間で画期的なソリューションを提示できることがある。しかしその背景には、その人が長い時間をかけて考えてきた、思考の蓄積があるのかもしれない。これは、最近あちこちの本で引用されているピカソの逸話と同じである。

ピカソがレストランで食事をしていた時、ピカソの大ファンである店主が「絵を描いてほしい」と頼んだ。その際、ピカソは快く引き受け、店主の似顔絵を5分程度で描いたそうだ。店主がお礼の支払いをしようとすると、最初ピカソは固辞したが、店主がどうしてもというので、ピカソは法外な値段を店主に伝えた。店主は「たった5分の絵で、そんな値段はないだろう?」と言った。それに対し、ピカソはこう答えた。「確かに私がこの絵にかけた時間はたったの5分ですが、この線を描けるようになるまでに40年かかったのです」

なるほどという話である。

これまでは、単位時間あたりの生産性を上げていく話をしてきたが、客観的な単位時間では測れない時間価値を上げていくことも考えなければいけない。

労働生産性と創造生産性という2つのグラフで示すと、それらはまったく別の人間の話に見える。しかし、実はひとりの1日の中にも、単純作業の時間とクリエイティビティを発揮している時間がある。生活の中で単純作業というものは、決してなくすことはできないからだ。

そして同じ作業もとらえ方によって、効率化すべき作業になったり、時間を使ってじっくりやりたいことになったりする。

現代で、最も時間に追われる人のひとりであるワーキングマザー。彼女たちの家事についても同じことが言える。仕事から帰宅後、15分で家族のために夕飯を作らなければいけないときもあれば、旬の食材を使ってじっくり食べたいものを作るときもあるだろう。なにを、どう効率化するのか。逆に、時間と手間をかけるのか。そこに人の価値観があらわれる。

仕事の出張の手配は、ウェブを利用してなるべく短時間、低コストで済ませたいと考える人が多いだろう。しかし、海外旅行の準備となるとわざわざ紙のガイドブックを買ってきて、どういう旅程にするか行きの飛行機から念入りに計画をするはずだ。それはとても楽しい時間となる。

さらに、インターネットがなかった頃は、出張の手配にも独自の付加価値を発揮していた人がいた。時刻表などを駆使してルートを調べ、切符を買いに行く。それがとても重要で、価値の高い仕事だった時代も存在していたのだ。

時代の変化によって、クリエイティブな行為だったことが、コモディティ化していってしまうこともある。どんな行為も、それを誰がいつどんなかたちでやるかによって、フレキシブルにその時間価値を変えていく。

第二次産業が主要産業だった頃は、すべてを効率化したほうが生産性が上がるため、フレキシビリティのなさがピークに達した社会だったのだろう。しかし、大量生産大量消費の時代が終わり、マーケットが縮小しているいま、あらゆることを第三次産業化しないと国内でも海外でも生きていけなくなった。

そのとき私たちが取るべき行動は、クリエイティビティに価値があることを認めることだ。クリエイターになれ、とは言わない。しかし、あらゆる仕事に、クリエイティブな側面を見出し、改良、改善、刷新して付加価値を出していこうとすることは、すべての人が今後やっていくべきことになる。

これは、心理学者アルフレッド・アドラーの提唱した個人心理学と根っこのところで通ずるものがあると思われる。アドラーは、さまざまな自らに起こっている事象をどのように自分で認知して定義するかによって、誰でも自らの人生の幸福度を変えることができると説いた。

前述の例で言えば、ワーキングマザーのルーティンである日々の家事についても、自分の割り当てる時間として絶対的な負の時間であり、「時間の効率化」の対象であると認知して定義すれば、家事をいかに短時間で苦痛なくするかという判断になる。

一方、自分が愛する家族のために自身が貢献できる楽しみの時間であると考え、「時間の快適化」の対象であると認知して定義すれば、単純な時短ではなく、新たな家事の進め方が出てくるだろう。

また、同じワーキングマザーでも、日にちによっては、家事の時間を「時間の効率化」と「時間の快適化」で使い分けることも可能である。例えば、同じ家事でも忙しい平日は効率を追求し、少し時間のある週末や大切なイベント時には快適を追求するといった使い分けもあるだろう。

仕事も同様である。

美容師が、自らの仕事を単純に「髪を切ってパーマや毛染めをすること」と考えている限り、この時間は単に効率化の対象であり、前向きなクリエイティビティは生まれてこない。一方、もし自らの仕事を「お客様にひと時の心地よい非日常と、その後毎日、鏡を見て楽しくなる変身というサービスを売る仕事」と再認知・再定義すれば自らの創意工夫も出てくるはずだし、それが他者との差別化につながる。

病院で働いている清掃係も、自分の業務が「汚れたものを片づけること」だけでは何も創造力は生まれない。これを、「困難な状況にある患者に少しでも美しい環境を提供して勇気づけること」と再認知・再定義することで、積極性や創造性の発露が期待できるだろう。

つまり、私たちの中には、労働も創造も潜在的に備わっているのだ。それを自らの強い意識と理性で認識し、労働の中に創造性を切り開くことが、人間の証明でもある。この意味で、「クリエイティブ・クラス」とは、特殊なジャンルの特殊な人の方向性ではなく、私たちの多くがその可能性を内包している方向性なのである。これは、フランスの哲学者であるジャン＝ポール・サルトルが唱えた「実存は本質に先立つ」という「実存主義」と一致していると思う。

私たち人間は、自らに創造的かつ建設的な役割を与えることで、人間として創造的な時間価値を生み出し、自らの生に光を与えることが可能となるように生まれてきているのである。

自分の時間のクオリティをより上げるためには

アドラーやサルトルなど思想界の巨人の例を持ち出して議論はしたものの、そうは言っても、１日中ポジティブで生産的な時間を過ごすことは難しく、ストレスフルな時間が出てくるのが私たち凡人の常である。

日々の生活の中でクリエイティブなマインドを発揮するためには、時間の効率化とともに、ストレスフルな時間をなるべく快適な時間に変えることが望まれる。嫌なことをやっている時間に、クリエイティブになれと言われても難しい。脳神経科学の研究では脳は何もしていないときにこそ活性化するという結果が紹介されている。リラックスしているときほど、酸素とブドウ糖を運ぶ血流が活性化するのだそうだ。

それを踏まえて、１日の時間の質をなるべく上げるにはどうすればいいのか。おそらく時間制約を感じている消費者は、こうしたサービスに喜んで対価を支払うと思われる。

１日の中には、有意義な価値生産をしている、または快適・楽しいなどプラスの感情を抱いている正の時間と、空間など外部的な制約によって時間をムダにしている、または不快・つらいなどのマイナスの感情を抱いている負の時間が存在している。

１日の時間を、縦軸を時間の長さ、横軸を時間の質として図示してみよう。

左頁の図9のように自分の時間を書き出してみるとおもしろいことがわかる。右に行けば行くほど時間価値は正、左に行けば負となる。左の斜線部分の時間価値は負となるため効率化や快適化が求められる。通勤時間やランチなどの勤務以外の時間にはすきま時間が発生しやすいが、それ以外の時間でも不定期にすきま時間は発生する。その中には、「Ⓐ得意あるいはやりがいのある業務時間」もあれば、「Ⓑ不得意だったりやりがいのない時間」もある。すきま時間や負の時間がうまく効率化／快適化できれば、時間価値は劇的に高まることになる。

例えば図9は会社員Aさんの1日だ。朝起きて、出かける準備をして、家を出る。まず、Aさんにとってストレスフルな時間は、1時間の満員電車での通勤だとする。しかも座れない。この1時間の質を上げるためにはどうすればよいだろうか。

ひとつは、通勤時間をなにかを楽しむ時間にすることだ。それはスマホでゲームをすることでもいいし、音楽を聴くことでもいい。とにかく、満員電車の苦痛をなるべくやわらげるような、熱中できることをする。

2つ目は、なにか有意義なことに使う。簡単なメールの返信などだったら、電車の中でもできる。出勤前にやっておけば1日の仕事をスムーズに始められるようなことを、車内で済ませておくのだ。

図9　すきま時間の活用で時間の質が高まる

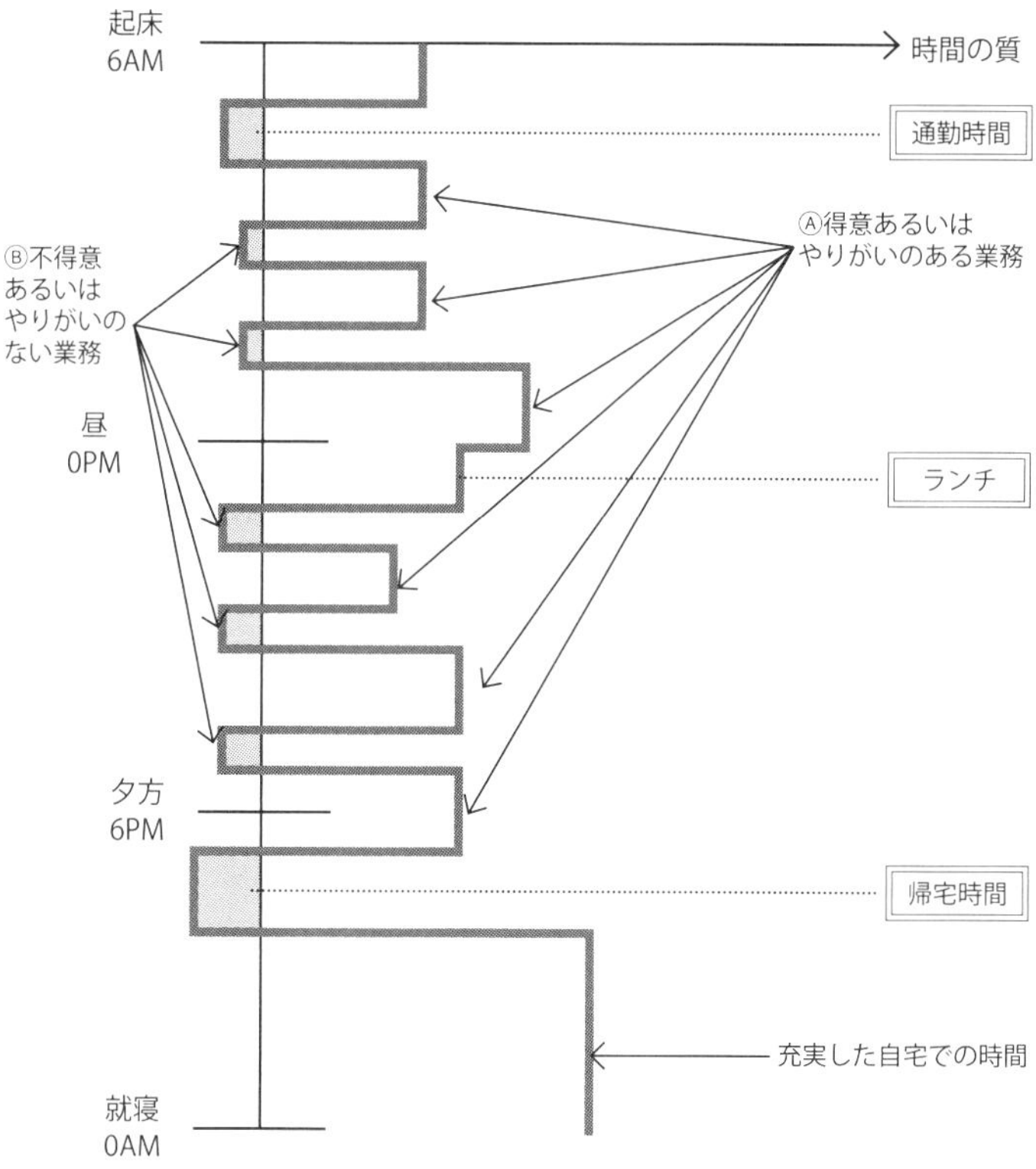

つまり、スマホなど携帯できる情報通信端末を駆使することで、満員電車の中が他の仮想空間になるサービスという観点からビジネスチャンスがある。満員電車の中にいるということを忘れさせてくれる仕組みがあれば、満員電車というマイナスをゼロに持っていくことが可能である。さらに、より快適な空間のように感じさせてくれる仕組みや、仕事の時間の効率化を実現させてくれる仕組みがあれば、その時間をゼロからプラス価値に転換することができる。ひょっとすると、ウエアラブルIT機器が将来的にはこのサービスを実現するかもしれない。

もちろん、一番いいのは、会社の近くに引っ越してしまうことだ。それによって、負の時間であった通勤時間を短縮することができる。通勤時間は第4部でも説明するが、なるべく短いに越したことはない。都市部の賃貸物件は家賃が高いので、特区などを作って賃貸住宅供給を増やすのも手であるし、そうした賃貸住宅が従来の広さ以下であっても狭さを感じないような機器が付属してあれば、なおプラスである。実は、住宅空間さえも今後は部分に分けられ、再構築される可能性すらあるので、それについても第4部で紹介する。

スイスの経済学者であり、幸福に関する専門家であるチューリッヒ大学のブルーノ・フレイ教授とバーゼル大学のアロイス・シュトゥッツァー氏の2013年の研究で、通勤は心理的な負担を与えることが明らかになった。通勤に片道23分かかる人は、自営業など通勤が０分の人と比較して毎月、給料の19％を余分にもらわないと、その心理的負担を完全に埋め合わせることはできないという。ストレスフルな時間を過ごすことや、貴重な時間をムダにしているという気持ちが、それだけの心理的負担になるのだ。この結果は、現代人にとって時間というものがどれだけ大事なのかということの指標にもなるだろう。

Ａさんは会社に着いた。Ａさんの仕事の時間をあらためて見てみると、出勤してから退勤するまでで、ぽこぽこと正負が分かれている。誰しも自分の仕事の中で、得意・やっていて楽しい業務と、苦手・やるのがつらい業務があるはずだ。負の時間となっている仕事はなるべく効率化し、正の仕事を増やすことを考えよう。負の時間の仕事は人に任せて、自分は違うことをしたほうがいいという場合もあるだろう。もし、自分の仕事がまるごと負の時間であるという人がいれば、それはもう転職を勧める。トータルで正の時間を増やすことが、よりよい人生を送るために必要なことだからだ。

幸福度が高い人は、仕事のパフォーマンスが高く、クリエイティブで、収入レベルも高く、健康で寿命も長いということを明らかにした調査もある。正の時間を増やすことは理にかなっているのだ。

さらに時間資本主義的観点でいうと、この負の時間を正の時間に変えるためなら、人はある程度の金額を支払うと考えられる。時短グッズなどはその一例だし、高価格・高機能なヘッドフォンなどの好きなものや趣味に関する商品も、その人の時間を幸せにしてくれるだろう。

現代において、なにより貴重なものとなった時間。それをどう使うかは、まさに時間を使ってでも考える価値のある問題である。

多くの人が、貴重となった時間の価値を高めようと奔走している。その中で、生産性の高い人は、さらにその生産性を高めようとして、「公私混同」を進めていく。生産性の劣位にある人は、生産性の優位にある人の「公私混同」に合わせなくてはならず、生産性の高低と公私混同の度合いが正比例していく世界となる。この意味で、各人の事務処理能力だけでなく、偶発的に発現するクリエイティビティをも含めた生産性の高低で、その時間の使い方が日々変貌する時代となった。

時間資本主義の時代と大上段に構えると、どうしても「時間の効率化」という側面が強調され、「時間の効率化」に沿ったITサービスなどが想起されがちである。確かに、「時間の効率化」では負の時間帯を少なくすることは可能であるが、それはあくまでもマイナス幅が小さくなるだけであり、私たち人間の満足度のプラス幅を大きくする話ではない。

時間資本主義になればなるほど、「時間の効率化」的な話やサービスが中心になるかもしれない。だが、「時間の効率化」だけを進めて、効率化によって生まれる「かたまり」や「すきま」の時間を快適化して、時間に彩りを与えない限り、私たちの人生は豊かなものにはなりえない。「時間の効率化」だけの積み重ねは、無色透明の空虚な時空を作り出すだけの徒労である。

時間資本主義の時代とは、時間が大切になるから、いろいろな負の時間を少なくしようという単純な時代ではない。負の時間を少なくするすべがどんどん供給されればされるほど、それによって生み出される無色透明な時空を、どのように実りある時間に変えるかということが従来以上に問われる時代なのである。こうしたマインドセットの転換こそが、時間資本主義というパラダイム転換において最も求められる覚悟なのである。

第3部まとめ

・時間資本主義時代の勝ち組は、時間リッチのクリエイティブ・クラス。
・時間価値の低い人は、クリエイティブで時間価値の高い人に隷属させられる。
・公の時間を巧みに私の時間として有効に使える人ほど有利になる。

第4部

時間価値を高めるために
——場所・時間・未来

第11章　時空を超えて

なぜクリエイティブな人がいま、軽井沢に集まっているのか

いま日本で、クリエイティブな仕事をしている人たち、多額の年収を稼いでいる人たちは、どこで飲んでいるのか。かつて文芸作家たちは銀座や新宿の文壇バーに夜な夜な集っていた。バブル時代に賑わっていたのは、芸能人や業界関係者が愛用する店が多かった西麻布だ。しかし、西麻布もいまや閉店する店が相次いでいる。それでは、現在勢いのあるＩＴベンチャー企業が集中している渋谷だろうか。いや、違う。答えは、軽井沢だ。

示し合わせたわけでもないのに、軽井沢に別荘を借りたり買ったりして週末を過ごすビジネスパーソンがいま、増えている。都内でわざわざ時間を合わせて飲みに行くよりも、たまたま軽井沢にいたもの同士で集まるほうが気楽だ。「軽井沢で会う」と

いう行動が、その界隈では一般化してきている。

このように、創造生産性の高い人たちというのは、なにかしら近い場所にいて顔を合わせている。フェイスブックなどを見ると明らかだが、その業界でも有名な人というのはたいていいつながっていて、コメント欄でやりとりしたり、一緒に飲んだりしていることがよくわかる。

目的なく集まって話をする、互いのアイデア、情報を交換し合うことから、クリエイティビティは生まれる。彼らはそのことを意識的か、無意識的かわからないが、体現している。そして、軽井沢のような、自宅（ファーストプレイス）でも、職場（セカンドプレイス）でもない、第三の場（サードプレイス）に集まろうとするのだ。こうした現象は、高額所得者の別荘の事例だけでなく、カフェ、美容院、床屋、地元のスナックなどさまざまな階層のさまざまな場所がサードプレイスになりうるし、すでにそうなっている。自然発生的に、クリエイティビティの高い人が集まる店や場が現れてきているように思う。

しかし、それにはひとつ問題がある。同質性の高い人同士で集まりすぎてしまうことだ。彼らは群れることによって創造生産性を高めている面もあるが、集まることで保守的になってしまうとも考えられる。コミュニティ内での競争がなくなり、自分たちの権利を守ろうとする新しいエスタブリッシュメントを形成しようとしてしまうのではないか。本来は刺激を得るために、自分と異質なものとの交流を求めに行くほうがいい。

本質的にクリエイティビティを高めるためには、バラバラの人たちが交錯する場所にいる必要がある。それはきっと、スナックのようなところなのではないだろうか。男女も年齢も職種も関係なく、多様な人間の集まる場所。そこで、お酒を飲み、他愛のない雑談をする。つまり、情報やアイデアの交換をするのだ。

そして、バスタイムや寝る前にぼーっと考える時間を作る。

なんだ、遊んで、普通に生活しているだけではないかと思うかもしれない。徹夜で机の前でまじめに企画を考えている人のほうが、よっぽどクリエイティブな仕事をがんばっているように見えるだろう。しかし、それでいいアイデアが出るかどうかというのは、何も保証されていない。

創造生産性の高い人が現れるのが偶発的だったように、新しい発想を生み出すというのには、最適解も因果律もない。この参考書の問題を解けばいい、この就職試験に受かればいいといったような、わかりやすいステップアップの方法は存在しないのだ。私たちにできることは、人とたくさんの「交換」をして（芸術鑑賞や読書などの行為も含む）、事務作業の時間を効率化し、考える時間を増やすだけなのではないだろうか。

時間資本主義時代は「職住近接」が進む

クリエイティビティの高い人は、本能的に「群れている」ことの優位性を感じているという話を先にした。だからこそ、時間資本主義時代の住居は都市部に集まることになる。家ごと群れているような状況が生まれてくるのだ。

そもそも、時間が希少なものになり、みんなが必死で自由な時間を作り出そうとしているのに、通勤に1時間以上かけるということが、時代に逆行しているのである。家計主の通勤時間が1時間以上の世帯は、2008年の時点で16・2％であり、2003年の22・2％から大きく減っている。逆に、通勤時間が30分未満の世帯は、2003年では46・3％だが2008年で53・5％と過半数を超えている。全体的に、通勤時間は短くなってきているのだ。[*8]

1970年代には首都圏の人口増加で住宅数が不足したことから、郊外における住宅地開発や住宅建設が進められた。1971年から入居を開始した多摩ニュータウンの建設はその代表的なものだ、そうして、1960年に560万人だった首都圏郊外の人口は、1970年には1068万人に、1980年には1449万人、1990

年には1688万人と増加していった。[*9]

しかし、90年代半ばからは、郊外への転出が減少し、郊外から都市部への転入が増加。90年代後半には両者が均衡し、そのあとは都市部への流入が超過する傾向にある。都市部の地価の低下を背景に、若い世代が職場からの近さなどの立地条件で、都心に移動しているのだ。

彼らは郊外の大きな庭付きの一戸建てに夢を抱いていない。居住面積が半分になっても、職場に近いほうがいいと考えている。そして、この傾向は上の世代にも広がっている。便利さを求めて、郊外の家を引き払って都心に移り住む老夫婦が増えているのだ。

職住を離すという考え方の源は、マルクス経済にあると私は考えている。労働者は搾取されている立場なので、仕事の後に心の安寧を得るためには職場と家を離すべきだったのだ。しかし、いまやそういった労働観は変わってきている。前の部で解説したように「公私混同」が進んでいる現代では、職住は近くにあるべきなのだ。

東京近郊の20代でフリーランスで働く人も、昔は家賃をなるべく下げるために23区外に住む人が多かったが、いまは圧倒的に都心が多い。スマホが普及し、「いま来られる?」という仕事に対応できる人のほうが重宝されるからだ。急な予定でなくとも、打ち合わせひとつ設定するにも、なにかと近くに住んでいる人のほうが仕事は頼みやすい。

スマホなど携帯できる情報通信端末を駆使して生活する時間資本主義の時代は、情報の発信者と受信者が自由に動き回る世界である。しかも、この枠組みに包摂される私たち現代人は、受発信両方の役割を常に負っており、情報交換の結果として移動しながら他の人と空間を共有する。この意味で、各人の居住空間とは、空間移動のための準備行為の空間であり、都市部に近接して住むことのバリューがますます大きくなると考えられる。

IT企業の代表格であるサイバーエージェントは興味深い試みをしている。『ダイヤモンド・オンライン』の記事によれば[*10]、サイバーエージェントは自社の男性エンジニア職向けに「シェアハウス」を開設したという。このシェアハウスは、渋谷駅から徒歩10分程度の神山町という便利なエリアに立地しており、本社やグループ企業はシェアハウスからは徒歩通勤圏内とのことである。通勤が楽なことに加え、シェアハウスに入居することで、業務時間外にお互いのコミュニケーションが生まれることを期待しているらしい。まさに、お互いの時間や知恵を交換できる場の提供である。

仮想庭に仮想ダイニング、住宅の機能の外部化

都心では、郊外のように庭付き４ＬＤＫの一戸建てに住めない。それは、相当限られた人にしか叶えられない。人々が都心に集まってくると、限られたスペースをシェアして使うことになるからだ。イケア（ＩＫＥＡ）の国内店舗では、「スモールスペース」というテーマで、狭小スペースやデッドスペースを活用して住み良い空間を作る技を積極的に紹介し高い販促効果を上げている。日本はかつてＥＣの報告書で住居を「うさぎ小屋」と形容されたが、今後は先進国、新興国のどんな国も都市部に人が集まると予想されるため、この限られたスペースを活用する住み方はグローバルスタンダードになっていくだろう。

家の中を住みよくするだけでなく、家の外も利用するのが今後の住居のあり方だ。つまり、パブリックなスペースに、家の機能をアウトソースするのだ。これも、携帯できる情報通信端末などを使った「拡張現実」空間の創造と言える。ＰＣ画面の前という固定化された仮想現実を、携帯できる情報通信端末を使って外部へと持ち出し、自分や自宅の外に外生的に存在している空間に、自らの空間をコピー＆ペーストするように張り付けることで「拡張現実」を作る。

例えばダイニング。広々とくつろいで、家族でごはんを食べたいという欲求は、近

所のレストランや居酒屋でもかなえられる。そこは近所の人が集まる、巨大なダイニングであるとも考えられるのだ。もちろん、パブリックスペースなのでテレビを持ち込むことはできない。しかし、スマホで好みの動画コンテンツや映画を視聴したり、SNSで友人と意思疎通したりするなど、「拡張現実」としての仮想ダイニングというパーソナライズされた空間が瞬時にパブリック空間上に構築される。

例えば庭。休みのたびに出かける近所の公園は、もはやまわりの人と共有している庭だとも考えられる。ここ数年、東京・代々木公園では毎週末何かしらのイベントが開催されている。代々木公園に限らず、都内の公園が週末かなりの人で賑わっているのは、庭の「外部化」が進んでいるからではないだろうか。あるいは、多摩川など住宅地を流れる川の土手も、同様に庭の外部化対象である。まさに「借景」の拡張版とも言える。

こうしたパブリックな公園で他者とつながることも可能だし、情報通信端末を携帯して公園にいない他者とつながることも自由自在だ。後者のつながりは、まさに拡張現実としての仮想庭であり、パーソナル空間のパブリック空間への浸み出しとみることも可能だろう。

先日、フジテレビの情報番組『情報プレゼンター　とくダネ！』を観ていたら、笠井信輔アナウンサーが「我が家には書斎がなく、ファミリーレストランのテーブルが書斎の机だ」というようなことを言っていた。昔の感覚では、ちょっとした書斎を持つことがひとかどの男として重要だったかもしれない。

しかし、書斎を持つためにオフィスから離れた所に居住して長い通勤時間を甘受することは、時間資本主義の時代に果たして合理的な考えかどうかは疑問が残る。むしろ笠井氏のように、家に書斎がなく、ファミリーレストランやコーヒーショップを書斎化するほうが現代的だと言える。

書斎の外部化ビジネスという点では、ファミリーレストランやコーヒーショップはまだ中途半端な状態かもしれない。今後は、「拡張現実」としての仮想書斎として使い勝手の良い机や椅子の配置、あるいはそうしたスペースの簡易組み立て、時間貸し出しなど、ファミリーレストランやコーヒーショップの中がモジュール化し、臨機応変に空間を時間ベースで消費者に販売するというサービスが一般化することもありえるだろう。

タクシーにも改善の余地がある。時間資本主義の時代になると、移動時間に仕事を効率的に済ませたいというニーズがあるが、全員が黒塗りのハイヤーを保有できるわけではない。一般的なタクシーだけでなく、移動時間に会議ができるタクシーもあってもいいと思う。

例えば、運転手に話が聞こえないように、運転手と乗客用シートに透明のアクリル板などで仕切りをして（ロンドンのタクシーのイメージ）、「拡張現実」としての仮想会議空間を作ってみてはどうだろうか。そこに電話会議で入ることができるような機器を入れてもいいかもしれない。

東京から横浜や大宮まで現在は電車を使う人が多いと思うが、こうしたタクシーがあれば移動しながら会議が可能であり、ある程度の運賃を会議室料として払う企業が出てくるのではないだろうか。成田から都心部も、タクシーを移動手段ととらえると渋滞もあるし、タクシー運賃も高いので敬遠してしまうが、移動会議室ととらえれば成田エクスプレスよりも格段に利用価値が出てくる。

時間と空間の制約を、バーチャルな発想で取り外していくというのは、時間資本主義における特徴的な発想だ。

「いつでも、どこでも」より「いま、ここ」

付加価値型のサービス業というのは、それぞれが遠くにいたらできない構造になっている。それは、創造生産性の高い人間が、直接顔を合わせ、情報やアイデアを交換し、圧倒的な価値を作って売り出すものだからだ。そういった時代には、交換のスピードが重要になってくる。

人と人とのコミュニケーションによって成り立つ、知的生産の仕事が中心になると、ますます人々は近くに住む必要が出てくる。

時間資本主義時代には、自分が住みたいところではなく、コミュニケーションをとりたい人がいるところに住むべきなのだ。のんびりした風景が好きだからと、田舎に住んでも生産性は上がらない。

また、田舎はファーストプレイス、セカンドプレイス、サードプレイスがゾーニングされ、はっきり分かれている傾向がある。残念ながら、田舎ではこれらゾーニングされた場所が離れて存在している。これでは、ゾーニングされたそれぞれの場所から別の場所への移動が面倒であり、しかも自分がコミュニケーションをとりたい人が、自分がいる同じゾーンにいるかどうかも不明である。都市のほうが、各場所が近くにあり、渾然一体となっている。公私混同が進む時間資本主義時代には、やはり都市生活のほうがマッチしている。

ITによって空間の制約から解き放たれたように見える私たちは、結局「どこにいるか」ということに規定されている。いつでもどこでも連絡がとれるようになったからこそ、物理的に近いほうが有利になるという現象が起こっている。「いつでも、どこでも」ではなく、「いま、ここ」という同時性の価値が高まっているのだ。

また第2部で紹介したような、時間と場所を切り売りするビジネスは、遠く離れている人とは成り立たない。いま東京にいる私が、札幌の人と時間や場所を融通しあうことはできないからだ。この商品は、物理的に近くにいるからこそ、売買できるものなのである。排他性を利用したビジネスも、近くにいるからこそ成り立つ。私が専有していたスターバックスの席を、福岡の人に譲ることはできない。

また、時間と場所を切り売りするビジネスは、ある程度の人口集積がなければ存在し得ない。合間の時間を使って運転手になることも、なにかしらの付加価値をつけて直接時間を売り出すことも、買い手のニーズとマッチングすることが不可欠である。いま、その時間を欲している人がある程度の人数いなければ、マッチングは難しい。人口自体が少ない過疎地域で、そういったビジネスが成り立つようには思えない。やはりこれも、都市部限定のビジネスなのだ。

私が生業としている企業向けのコンサルティングやM&A助言などもまさに「いま、ここ」が大事なビジネスである。電話やメールなどで軽々しく交換できる情報は少なく、むしろ閉じた空間でお互いの持つ希少性の高い情報を、少しずつ相手を見ながら交換していくことが要求される。このため、無理をしてでも、夜中に1箇所に集まったり、個室で会食したりしながら、相手との信頼感をベースに物事を進めていく。

高度な医療の提供も同様だろう。近ごろは、ゴッドハンドと呼ばれるような天才的な外科医が旅芸人よろしく世界各地の病院を日ごとに渡り歩いて、数々の難しい脳外科手術を成功させていくようなコンテンツが多い。しかし、あれは極めて稀な事例であるからこそコンテンツになるわけであり、多くの高度医療の提供サービスは都市部に集中している。しかも、知見の多い医者が集中して存在することで、より高度な医療を提供することが可能と考えられる。やはり、「モノ」ではなく「コト」の交換こそ、「いま、ここ」が重要なのである。

東京に限らず地方都市であっても、今後は中心地に住む、オフィスを構えるということが重要になってくるだろう。地方都市でビジネスを営むには、東京との交流で、情報を「交換」することが必要になる。そのときに、新幹線などの主要駅から離れていることは、ハンデになるだろう。

それは、東京に住んだり、ビジネスをする場合も同じである。23区の外に出てしまうと、地方から訪れた取引先にそこまで来てもらうのは難しい。さらに、海外からの訪問客に、主要駅以外のところまで来てもらうのはよりハードルが高い。結局、都心部に出向くことになり、その時間コストを毎回負担することになる。オフィスに来てもらえる、あるいはオフィスの近くでさっと会える企業に後れを取ることになるのだ。

＊8 総務省『平成20年 住宅・土地統計調査の解説』「4-3通勤時間の状況」
＊9 総務省『構成調査』および厚生労働省『人口動態統計』
＊10 『ダイヤモンド・オンライン』2012年2月1日「吉崎誠二が解説するモテるマンションの条件」第2回

第12章　巨大都市隆盛の時代

創造生産性の高い人の近くにいると、年収が上がる

クリエイティブな事業で成功し、非常に高額の年収を得るようになったAさんがいたとする。Aさんは、生活にゆとりが出て、身の回りのサービス業にたくさんお金を使うようになる。具体的に言うと、Aさんがワイン好きだったら、行きつけのワインバーは多少高いワインを仕入れても注文が増えるだろう。健康を維持するためにジムに通い始めるかもしれない。その場合もAさんは、少し高くても特別な待遇が受けられる会員になる。

こうして、時間資本主義時代の勝者から染み出てくる支払いの恩恵を受けるサービス業は、今後ますます発展する。しかも、都市化がそれを加速する。

これは、エンリコ・モレッティの『年収は「住むところ」で決まる』で詳細に分析

がなされている。この本では、イノベーションと知識を生み出すことを中心とする「イノベーション産業」の集積している都市では、優秀なビジネスパーソンが集まり、成功した人間が新たに起業するという好循環が生まれ、高収入の働き手が増えることを明らかにしている。

その人たちが、快適に過ごしたり、生活を楽しんだりするためのライフスタイル産業がまた新たな雇用を生み、イノベーション産業における雇用が1件生まれると、それに対してサービス系の雇用が5件生まれる。イノベーション産業とは、IT、ソフトウェア、オンラインサービス、ナノテクノロジー、クリーンテクノロジー、バイオテクノロジーなど、コンピュータやソフトウェアに関わる分野の事業から、エンターテインメント、環境、マーケティング、金融なども含む。それらが、まだこの世にない新しい製品、サービスを作り出していれば、イノベーション産業と呼べるだろう。

シリコンバレーの中心地であるカリフォルニア州サンノゼに住む高卒者の平均年収は6万8009ドルであり、ミシガン州フリントの大卒者の平均年収4万3866ドルの約1・55倍にのぼる。フリントは、ゼネラル・モーターズ（GM）の発祥の地であり、同社の工場が長年経済を支えていたが、GMの経営不振で工場を閉鎖してから、急激に衰退している都市である。まさに、年収が学歴や職業ではなく「住むところ」で決まってしまうのだ。

この本で言われていることが、日本でも当てはまるのか。これは、社会統計学者の舞田敏彦氏が自身のブログで確かめられていたので、その結果を紹介したい。[*11]

2012年の総務省『就業構造基本調査』の数値をもとに算出すると、東京の男性ホワイトカラー（管理職、専門・技術職および事務職）の正社員の平均年収は約700万円、鹿児島は約529万円、沖縄は約474万円となる。

さらに、販売職、サービス職、保安職のグレーカラーの平均年収と、生産工程職、輸送・機械運転職、建設・採掘職、運搬・清掃・包装職のブルーカラーの平均年収も算出。その結果、東京都のグレーカラーよりも、ホワイトカラーの平均年収が低い県が16県あった。日本でも、住むところが年収に及ぼす影響は大きいことがわかる。

私は、江戸時代からこういった構造があったのではないかと考えている。参勤交代で江戸にやってくる武家は、特にやることもないので消費で城下町に金を落とす。それを目当てにしたサービス業が栄えて、江戸の人口は18世紀初頭には100万人、1837年には128万人を突破して、世界最大級の都市になったのだ。武家は、なにかを生み出していたわけではないので、イノベーション産業による人材と富の集中とは違う。しかし、収入の高い人たちのまわりには、その人たちを相手にしたサービス業が栄え、結果的に都市全体が発展するという構造は同じである。

今後は東京への一極集中が進む

私は、今後の日本は、多極型から一極型の国になるのではないかと予想している。つまり、東京への一極集中が、さらに進むのである。

大阪、名古屋、北九州といった地方都市が栄えていたのは、製造業の発展に連動していたところが大きい。京浜工業地帯（東京都、神奈川県）、中京工業地帯（愛知県、岐阜県、三重県）、阪神工業地帯（大阪府、兵庫県）、北九州工業地帯（山口県中西部、福岡県北部、大分県北部）などから構成される「太平洋ベルト地帯」の構想は、まさに工業主体で考えられたものだ。これらの工業地帯をベースに、鉄道、道路、港湾などを整備してきたのが日本の土地開発だった。

しかし、付加価値サービス業を発展させるためには、地方都市にいる意味は大きくない。工場は建てなくていいし、むしろ情報が集中しているところにオフィスを構えたほうがいいからだ。いまから事業を始めるのであれば、日本で最も人と情報が集まっている東京の一択だろう。

付加価値型のサービス業では生き残れないとなると、それぞれの地方都市は、観光や労働集約型の産業の請負（コールセンターなど）で、独自の道を探らなければいけない。おそらく、第3部で紹介したマトリクスの左下（まじめ貧乏）と右下（終わりなき日常を生き続ける人）の層が集まる都市になるのだろう。それはそれで、時間の快適化を図れば幸せな人生が送れるのかもしれない。

しかし、それにはある程度の雇用を維持し、若者の流出を防ぐ自治体の努力が必要だ。『年収は「住むところ」で決まる』には、イノベーション産業が栄えず、製造業が衰退した都市では、人口流出、街の荒廃、住民の学歴低下、犯罪率の増加などの傾向が見られると書かれている。地方はただ手をこまぬいているだけでは、現状を維持するのも難しくなるだろう。

東京に人が集中した場合、何が起こるのか

それでは、付加価値型のサービス業で成功することを目指し、全員が東京に集まったらどうなるのか。東京の地価は、まだ他の地方都市よりは格段に高いものの、若干の上昇率程度でおさまっている。それがきっと、急激に（地方と比較して相対的に）上昇するポイントがやってくるだろう。サンフランシスコは、高収入のエンジニアが次々と移り住んできたことによって、住宅価格や家賃が3、4年前に比べてつり上がって

いる。「来月から家賃25％アップだ」とつきつけられ、年収1000万円以上でないと家賃を払うこともできないという都市になりつつある。

きっと東京も今後、一部の限られた人しか住めない都市になっていくのかもしれない。そして、その人たちにサービスを提供する人たちの給料は上がっていく。頭脳労働で勝負できないと思ったら、いっそこういった人たちのまわりにある飲食店やヨガスクール、エステサロンなどで働いたほうが、地方都市でホワイトカラーとして働くよりも収入が上がるかもしれない。時間勝者に近い距離にいるほうが高収入になれる、という構造になっているからだ。

地価が高騰したとしても、東京はこれからも人を集め、発展し続けなければいけない。それは東京は日本で唯一、上海やニューヨーク、シンガポールなどの国際都市と競争しうる都市だからだ。東京の負けは日本の負けで、そこからいくら大阪や福岡、名古屋、札幌が巻き返そうとしても勝ち目はない。日本で唯一、世界と張りあえるクリエイティブ・シティとして、東京は戦い続けなければいけないのだ。

しかし、東京に人が集中するというのは、何も時間資本主義の時代になったからというわけでもない。もともと、日本で人がなぜ居住地を移動するかというと、国立社会保障・人口問題研究所の『人口移動調査』によれば、転勤と進学が上位1位と2位であり、この結果は長年変わっていない。東京にこれから伸びる仕事があるならば、それを求めて人は進学して就職する。あるいは、地元の学校を卒業してから移動して就職したり、その仕事をしている人と結婚したりするために移動する。それはまったくおかしいことではない。

ならば、東京は東京で完結しているのかというと、そんなこともない。前述したとおり、付加価値型のサービス業に必要なアイデアは、情報の交換から生まれる。同業の人たちがみな東京にいるならば、差別化のために東京以外の情報を取りに行くようになるだろう。それは地方の場合もあるし、海外の場合もある。

スマホで検索できてしまうような情報では、差別化はできない。やはり、直に出向いて、見て、聞いて、感じた一次情報でなければ意味がないのだ。それゆえに、移動の必要は産業構造が変わってもなくならない。むしろ増えるのではないかとすら思う。だからこそ、第2部で解説したような移動にまつわるビジネスには、まだまだチャンスが眠っているのだ。

企業は包括型からモジュール化へ

製造業から付加価値型のサービス業へ、という話をしてきたが、製造業や伝統的なサービス業もかたちを変えれば生き残れる可能性がある。それが、包括型からモジュール型へのモデルチェンジだ。

そのひとつの例が、大手製薬会社である。現在、多くの大手製薬会社では開発部分を、基礎研究、臨床試験ともに専門機関に外注している。フェーズごとにそれぞれの外注先を確保しているのだ。そして、開発が成功し、国からの承認審査に通った場合、製造も自社ではやらない。できあがった新薬を病院に売り込む医薬情報担当者（MR）も自社では抱えていない。MRを派遣する会社に委託する。各機能をモジュール化し、切り出しているのだ。

では、大手製薬会社自身は何をやっているのか。それは、まだ成功するかどうかわからない薬のシーズに広く投資することと、これまでのブランドを生かして国の許可を取り、病院からの信頼を得ることだ。実際に大手製薬会社の社員が売りに行かなくとも、「大手製薬会社の新薬である」というブランドがあるのと、名も知れぬバイオベンチャーの新薬であることとでは、売り上げに大きな差が出るだろう。大手製薬会社は製薬会社というより、ブランドを持った新薬投資会社になっているのだ。

これは非常に理にかなった戦略である。薬のシーズというのは、研究開発が始まった当初はどれが当たるかわからない。自社でプロジェクトをいくつも抱えるのには限界がある。そこで、いくつかの研究機関と提携して、芽の出そうな研究に投資する方向にモデルチェンジしたのだ。その中のひとつでも当たれば投資の対価を得ることができる。このほうが、新しいものが生まれやすい環境になっている。

現在、アパレル産業もモジュール化が進んでいる。かつては、社内にパタンナーやデザイナー、マーチャンダイザーがおり、来季はどんなファッションが流行るのか予想して、社内で製品開発をしていた。しかし、いまは社内にそれらの職種の人がいない会社が増えた。彼らはもう、来季の流行の予想などしない。いま売れている服によく似たデザインの服を、できるだけ速く作るのだ。「こういうのを作ってくれ」という指示だけして、パターンやデザインは外注先に任せる。どんな服が売れるかなんて、予想するのは不可能だったのだ。だからこそ、売れたり売れなかったりという波があった。売れないというリスクを極力避けるための方法が、「いま売れている服を模倣する」だ。

もちろん、ファッションの流行の最先端を作るデザイナーブランドは存在し続ける。しかし、速く安く、若い女性向けに服を供給しているアパレルブランドは、軒並みモジュール化の方向にシフトしている。そのとき、社内に置いておくべき人材は、パタンナーでもデザイナーでもなく、知的財産権に強い弁護士だったりする。「このデザインはパクリではない」と主張し、損害賠償金が発生することを防ぐ人が必要だからだ。

不確実性を外部化せよ

日本企業は、すべての機能を包括して内部化して所有しておこうとする。一気通貫で何でもできるということに価値を置いているからだ。また、コントロール不能な領域が増えることを恐れ、オープン化に踏み切れない傾向も強い。最近、大手小売りがPB（プライベートブランド）などで製造機能の内製化を進めているが、多くの場合、それは時代の流れに逆行していると私は考えている。

世界でいま勝ち残っている企業は、内部を切り出して、モジュール化する傾向に進んでいる。アップルはその典型だ。アップルは、製品デザイン、ソフトウェア開発、プロダクトマネジメント、マーケティングといった高付加価値の業務を社内に残し、製造は完全に外に出し、フォックスコンなどのアジア企業にやらせている。そしてiTunesやアップルストアなど、販売チャネルは自分たちでおさえている。これは、ブランドイメージ保持のために必要だからだ。

こうした動きは、伝統的な小売業でも盛んになっている。それは百貨店の事例である。90年代以降、凋落を続ける百貨店業界の中で、唯一元気のいいフロアは「デパ地下＝地下食品売り場」だった。デパ地下に関しては、百貨店は早々に自主販売を諦め、場所貸しのプロに徹し、店頭作りの機能は外部化して飲食のプロや欧州のブランド菓子業界などに任せた。その結果、デパ地下を舞台に健全な競争が起き、デパ地下は百貨店にとって数少ないお客さんの呼べる場所になった。

前述した製薬業界における新薬開発プロセス、アップルにおける部品の製造・調達へ、百貨店におけるマーチャンダイジングなどは、成否や人気が著しく不安定であり、何が当たるかわからずリスクマネジメントが難しい、不確実な市場となっている。言ってしまえば、絵画や小説といった「アート」の世界に近くなったのだ。本書で頻度高く使われている言葉を用いれば、クリエイティビティが高度に要求される世界だ。だからこそ、まじめなプロセスで成り立っている自社内だけでは、継続が困難になっているのである。

どの新薬、どの部品、どのブランドが、結果としてユーザーの最適解なのか、蓋を開けてみないとわからないのである。このように不確実性の高いプロセスをすべて社内で内製したままにしておいては、安定した企業経営は覚つかない。

経済学者であるフランク・ナイトの不確実性の議論を使えば、すべて自前での新薬開発や部品調達などは「リスク」を取ることが難しい、「不確実性」の世界になってしまったということができる。だからこそ、各社は「不確実性」を含んだプロセスを一定程度外部化することで、クリエイティビティのポートフォリオを構築しようとしている。

出版社と作家、テレビ局と制作プロダクションや芸能人の関係も同様である。作家や芸能人は、誰が当たるかわからない。ビジネスである前に、「アート」の世界である。だからこそ、出版社もテレビ局も、作家や芸能人を「社員」として内部化することはない。せいぜいアナウンサーを社員として採用するぐらいである。そして当たりそうな、あるいは当たった作家の本を出したり、芸能人の番組を作ったりする。しかも制作も、いまや外部のプロダクションが行う。

自動車産業だって、モジュール化しようと思えばできるはずだ。デザインや企画力に自信があるならば、製造部門を外に出し、世界中のブランドのカーデザインをやればいい。また、トヨタの強みが安く、ミスなく生産することにあるのだとしたら、もはやデザインは外注してもいいのではないだろうか。テスラモーターズが設計・デザインしたものを、トヨタの生産ラインが大量かつ安価に作るという未来もありうると思う。

ソーシャルゲームの業界でも、モジュール化が進んでいる。プラットフォームであるグリー（GREE）やDeNAの中にも制作の部署は存在しているが、ほとんどは外部のベンチャーにゲーム制作を任せている。そこでひとつでもヒットが出れば、プラットフォーム側としても御の字というわけだ。

「コト」産業の代名詞でもあるコンテンツビジネスは、もともと切り出しやすい性質を持っている。しかも、工業製品とは違ってマーケティングによってコントロールできる部分が少なく、当たるか当たらないかの予測が非常に難しい。

もちろん、ヒットするようにマネジメントして作られているピクサー（Pixar）映画のような作品もあるが、個人の才能によって創り上げられる作品（小説、マンガなど）には当てはまらないだろう。そこで、小説の場合だと文芸賞を設けて公募で広く作品を集め、1人の才能が見つかれば、その作品でペイできるような仕組みになっていた。これは俯瞰すれば、企画・制作を外注しているのと同じモデルである。賞金を出したり、原稿料が入ってくる前の新人作家が作品を書き続けられるよう、制作料として生活費を支払ったりするのは、ある種の「投資」だ。

このコンテンツ産業やITにおけるモジュール化が、製造業や伝統的なサービス業にも適応されつつあるのがいまの時代だと言える。

図10　企業はあえてクリエイティブを外注する時代

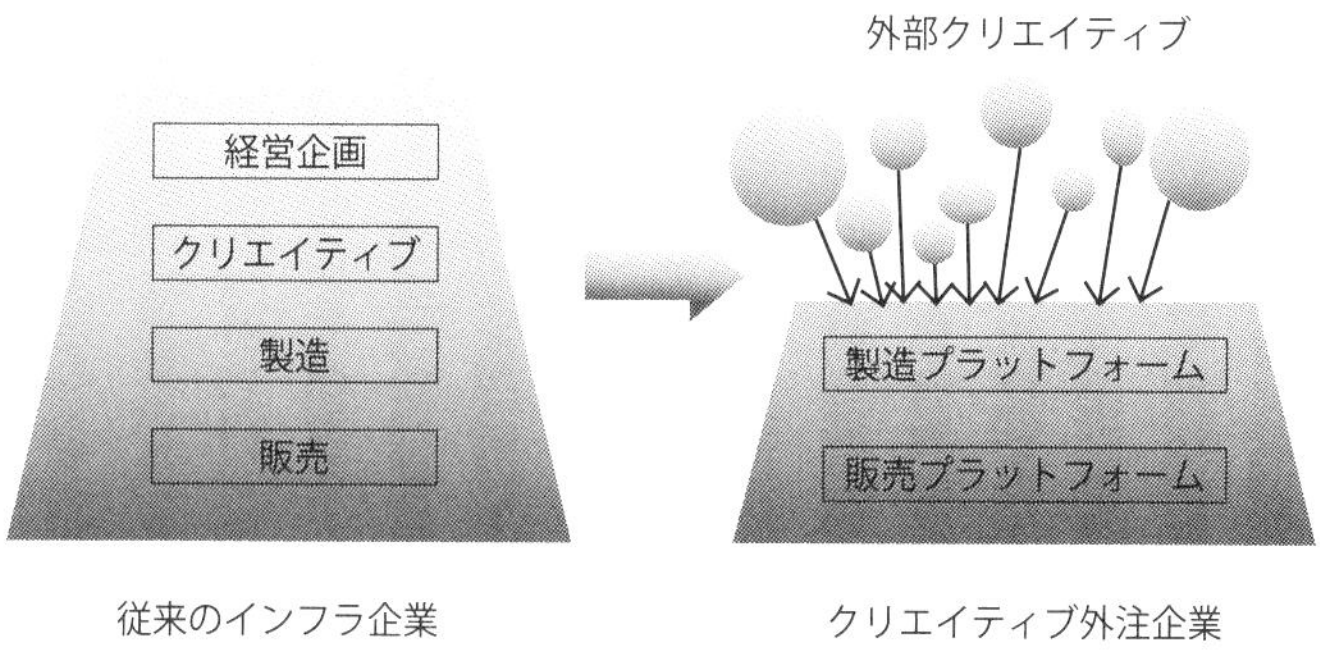

インフラ型の企業は東京にいる必要がない

なぜコンテンツ産業は、先にモジュール化が進んでいたのか。それは、クリエイティブには再現性がないからだ。新薬の研究開発、デザインといったものも、コンテンツほどではないが、再現性がないものに含まれるかもしれない。だからこそ、広く投資して、プレイヤーを増やし、当たったもので回収するというモデルが適している。

企業は元来、自社内に企画・クリエイティブ部門、製造部門、販売部門などを抱えていた。しかし、それが機能ごとに分化し、クリエイティブ部分は外注されるようになったのが、いまの流れである。一部は社内に抱えることもあるが、大半は外に出してしまう。

クリエイティブ部分の外注は再現性がないからだが、製造部分の切り出しは、グローバル化が関係している。製造部分は付加価値ではなく、いかに安く作れるかという世界的な競争に巻き込まれる。そこで、インフラを担う部分はM&Aが行われて、ひと握りの大企業が一手に引き受けるようになる。そうした、インフラ型の会社として成長を続けるならば、東京に本拠地を構える必要はない。むしろ、東京なんて人件費が高すぎて何もメリットがない。インフラ型の産業というのは、従来の労働生産性を高めるモデルだからだ。東京にいなければいけないのは、知識集約型産業だけである。インフラ型の企業は規模を追求することが生き残る道である。

第3部で説明した要素価格均等化定理によると、グローバル市場で労働力の対価は等しくなっていく。とすると、工場の建設場所は東京なんてもってのほかであるし、関西に建てた工場は、そのうちアジアのどこか、人件費の安いところに移転することになるだろう。そうでなければ、関西にある工場の人件費を、そのアジアの国並みに下げなければ成り立たなくなる。

こうした、製造の部分はどんどん機械で効率化されていき、労働生産性はますます上がるだろう。しかし、そこで働く人の数は減っていくことになる。また、事務作業はコンピュータに代替されていくので、やはりこれからも人が必要になるのは、知識集約型の産業かサービス業だけになる。

そうしてますます、東京に人が集まっていくのである。

＊11　『年収は住むところ」で決まる?　—データえっせい』
http://tmaita77.blogspot.jp/2014/09/blog-post_13.html?m=1

第13章　思い出の総和が深遠な社会へ

思い出の総量の多い社会で何がウケるのか

先日、博報堂生活総合研究所の方と話していたときに、高齢社会とは「思い出の総和」の多い社会のことなのではないか、というテーマが出てきた。そもそも高齢社会は、食べ物など量的な「モノ」への渇望はなく、「モノ」より「コト」が鮮明になる社会であるが、なかでも「コト」の消費が、過去に堆積した社会全体の思い出に影響を受けるのではないかという発想である。

上場企業2318社の平均年齢は2010年には39・3歳となっている。年齢別分布を見ると、40歳以上45歳未満の企業が全体の半数近くを占めている。[*12] こういった人口構成は、マーケティングの方向性に大きく関わってくる。もし、日本の平均年齢が20代であったなら、国民全体の持つ思い出の量はまだ少なく、これからの明るい未来を想像できるような製品、コンテンツ、コマーシャルがウケるだろう。

しかし、40歳や50歳の人が多い社会だと、その人たちが見てきたもの、体験してきたことの総和が未来よりも大きく、過去を使ってマーケティングするほうがより効果的になる。

ケータイキャリアのCMでアニメ『巨人の星』のキャラクターが使われていたのも、象徴的だと思う。『巨人の星』は、第1話の放送が1968年なのだ。放送当時小学生だった人たちは、もうすぐ60代である。彼らはもちろん懐かしいと感じ、50代、40代も、見ればわかる。30代や20代は、よく知らないけれど、懐かしのアニメ特集などで目にしたことがあるというポピュラーな作品で、使い勝手がいい。そして、それらすべての年代の人が、携帯電話を使う。最近登場したゆるキャラなどを使うより、安定的に好感度を得ることができる。CM音楽にビートルズなどの往年のヒット曲が常に使われているのも、これによる。

こうして、過去にヒットしたものが繰り返し使われているのが、現代のマーケティングである。

自分がいいと思うファッション、食べ物、インテリアなどは、幼い頃からの経験が大きく関連している。ここはグローバルな自由貿易がいくら進展しても、均等になららない部分だ。日本人は、ピクサーの『レミーのおいしいレストラン』を観て楽しむことはできても、原題でもある〝Ratatouille（ラタトゥイユ）〟をおふくろの味として懐かしむことはない。

過去を懐かしむというときの過去は、リアルな過去ではなく美化された幻想である。映画『ＡＬＷＡＹＳ　三丁目の夕日』などはその典型だ。リアリズムというのは、やはり国や社会が若く、勢いのあるときに求められるものなのではないか。現実をありのままに受け止めることには、エネルギーが必要だ。

そう思ったのは、ＮＨＫのある番組で写真家の土門拳と植田正治を比較していたのを観たときだった。土門拳は報道写真や、著名人、庶民のポートレート、スナップ写真などで評価を上げた。街頭に立つ売春婦や浮浪児、傷病兵などにもカメラを向け、社会的リアリズムを標榜していた。

一方、植田正治は、鳥取砂丘をバックに人をオブジェのように配置し、演出を重視した幻想的な写真を撮った。作りこまれた写真は、初期の頃は評価されなかった。それは時代が演出を嫌い、リアリズムを必要としていたからではないかと思う。

その後植田の写真は、広告写真やファッション写真が興隆するに従い、次第に評価が高まった。近年さらに再評価の機運が高まり、２０１３年にも生誕１００周年を記念した回顧展が開催され、現在の若者にも人気の高い写真家となっている。

私は2000年に出版した『百貨店が復活する日』という著作の表紙に、植田正治の「パパとママとコドモたち」という写真を使わせてもらっている。これは、おめかしして百貨店に行こうとしている古き良き家族を連想させる写真だ。しかし、関連のない人物配置、めかしこんだ人物なのに背景が砂丘というとりあわせのシュールさなど、現代でも評価されうるアート性を有している。

土門拳と植田正治は1949年に、鳥取砂丘で一緒に撮影会をしている。そのときに、土門は「砂丘を歩いていながら、僕には何の構想も立たないのです。（略）報道写真家というやつは、（略）外部的条件で仕事をするだけで、自分の主観に従って動くということが殆どないのです」と反省しきりだったそうだ。土門にとって砂丘は、事件の起こらないただの厄介な風景だったが、植田にとっては作品に神秘性をもたらす理想的な場所だった。

現実なのか非現実なのか定かではない作品を撮り続けた植田正治。その写真は現代でも広く人気を集めている。一方、リアリズムを追求した土門拳の作品は、古典として歴史の枠の中に収まってしまった。そのことに、私は時代が求める作品が見えてくるような気がする。

エジプト型とローマ型、どちらの生き方を選ぶのか

ここからさらに夢想家のような話をするが、どうか最後までお付き合いいただきたい。私は、今後私たちが時間資本主義時代をどう生きていくべきかというテーマを扱う際に、「エジプト型」と「ローマ型」の2つの死生観が参考になるのではないかと考えている。

古代エジプトの人々にとって、死は新たな人生の始まりと考えられていた。だからこそ、この世と同じ生活を死後の世界でするために、遺体をミイラとして保存したのだ。初期の信仰では、復活を許されるのは王だけであった。新しい信仰では、貴賤の区別なく誰もが冥界で蘇られるということになった。しかし、誰もが新しい人生を始められるわけではない。死者は自らの心臓と真実の羽根を天秤に載せる審判を受け、秤のつりあった人は永遠の楽園で暮らせるが、悪い行いをしたと判断されたものは心臓を食べられてしまうと言われていた。

そうなると、現世は禁欲的に、神を恐れて生きなければいけない。砂漠の気候がつらくとも、労働が厳しくとも、死後の世界のために我慢して生きたのが古代エジプト人だった。

一方、古代ローマ帝国はどうだったのか。「メメント・モリ」という言葉は、ラテン語で「自分がいつか死ぬことを忘れるな」という警句だ。古代ローマでは、将軍が凱旋のパレードを行った際に使われたと伝えられている。しかし、当時の「メメント・モリ」の趣旨は「カルペ・ディエム（いまを楽しめ）」ということに近く、「食べ、飲め、そして陽気になろう。私たちは明日死ぬのだから」という意味で使われていた。詩人ユウェナリスが古代ローマ社会の世相を揶揄して「パンとサーカス」と称したように、権力者から無償で与えられるパン（食料）とサーカス（娯楽）でローマ市民は享楽的な生活を送っていた。つまり、いつかは死んでしまうのだから、いまを目一杯楽しもうとしていたのが古代ローマ人だったのだ。

振り返って、いま私たちの生活や文化に影響を与えているのは、エジプトとローマ、どちらだろうか。どう考えても、ローマの影響が強い。文学、自然科学、建築、法律など、さまざまなものが後世に受け継がれている。

時間の希少性が高まっている時代を生きる私たちは、より一層生きている時間を大事にしなければいけない。そこで、エジプト型とローマ型のどちらを選ぶのかとなると、私はローマ型を選ぶのがよいのではないかと考えている。ローマ型の生き方が今後はさらにもてはやされる時代になるのではないかと思うのだ。

「まじめ」と「不まじめ」が入れ替わり隆盛する歴史

それは、本書でも何度となくふれてきたが、あえて「まじめ」と「不まじめ」の軸で歴史を見てみるとよくわかる。

例えば、「仁（人間愛）と礼（規範）」に基づいた理想社会の実現を目指した孔子と、無理に成功することをよしとせず、自然に委ねるべしという道教を打ち立てた老子と荘子。

精力的に活動し理想的な哲人政治の実現を目指したプラトンと、著作も残さずただ問答に明け暮れ、一見現実社会に役立ちそうもない思索を続けたソクラテス。モーセの律令に厳格に従うパリサイ人と、文書を用いず口頭で布教を行い、律令を守ることよりも神の福音を信じることを説いたイエス。禁欲的で清貧を重んじた中世キリスト教支配と、建築に始まり、絵画、彫刻、音楽などさまざまな芸術が花開いたルネッサンス。

おもしろいことに、まじめに律令や教義を守らせようとする派閥の支配力が強まりすぎると、それに対抗する自由な勢力が出てくるということが、歴史上繰り返されている。そして、どちらかというと「不まじめ」のほうが、後の世の人にもよく知られていたり、人気だったりする。

「まじめな人」は上下関係を作る。序列を作り、ルールを制定し、それを守ろうとするのだ。そして、それが時には目的を見失い、ただルールだけが存在するようになってしまう。

「こうするべき」というべき論が先にあると、人間性が阻害され、それに耐えられなくなった人たちが反旗を翻すのだろう。これは、社会主義から資本主義への転換でも同じことが起きたと言える。

しかし、自由が中心になると、それはそれでつらくなる人が出てくる。エーリッヒ・フロムが喝破したように、人は自由から逃走しようとする生き物なのだ。そしてまた、まじめな人が権力を握り、ルールを作る。まじめはつらいばかりではない。昨日と同じことをやっていればいいから楽なのだ。現在のロシアにも、旧ソビエト連邦の頃を懐かしむマインドの人がいるそうだ。

こうして、歴史は「エジプト型」つまりまじめ派と、「ローマ型」つまり不まじめ派で、覇権が入れ替わっていくのだ。

時間資本主義時代における未来のとらえ方

あなたは、10年後、20年後に自分が何をしているか、予測できるだろうか。

これまで、高度成長期以降の日本人のマインドとしては、未来は現在から道がずっと続いているようなものだった。同じ企業に勤め続ければ、給料が少しずつ上がり、ボーナスを組み込んだローンで車や家を買い、退職金はいくら出て、それで老後はこう過ごそう。確実なプランが立てられるものだったのだ。

未来にリスクはなく、代わりに預金と年金があったのだ。若いうちは給料が低くても、仕事がつまらなくても我慢して働く。そうすれば、バラ色の老後が待っている。この考え方は、前述の「エジプト型」に近い。いまを犠牲にして、来世に期待するというものだ。

そのマインドセットを持ち続けている人も多くいる。しかし、社会はそれを許さない方向に激変した。未来に対する考え方には、環境が大きく影響する。私は、中国人とビジネスをする中で、中国人が将来の不確実性を当たり前のように受け入れていることをよく感じる。日本人は、不確実なことをなるべく避けたがるが、あちらの人は「わかっていたら逆に困るでしょう」というくらいなのだ。不確実だからこそチャンスがある。リスクを取らなければ始まらない、彼らはそう考えている。

現世でなるべくリスクを取って、一発当ててやろうと考えるのは「ローマ型」だ。いまこの瞬間、瞬間を最大に楽しもうとしている。今後はリスクを取らないことが最大のリスクになりうる社会がやってくる。その転換点は、もうすぐそこまで来ていると思う。

しかし、戦争や大恐慌などの大きな社会変化がないと、日本はこのリスクゼロ社会から抜け出すのは難しいかもしれない。日本は戦後、国内マーケットが拡大し、第二次産業が発達して軽く鎖国のような状態になってしまった。

戦後すぐはむしろ、海外経験のある人が日本にたくさんいて、さまざまなベンチャー企業を起こしていったのだ。それは、いまのアメリカ西海岸で生まれているITベンチャーが、みんな移民あるいは移民の子によって創られているのと似ている。

なぜ戦後は海外経験のある日本人がたくさんいたのか。

簡単だ。海外の戦地に赴いていた約７００万人の成人男性が帰ってきたからだ。当時の日本の人口は７０００万人。10人に１人が海外に行っていたことになる。さらに、女性や子ども・老人を除くと、若い男性の３、４人に１人は海外にいたことになる。留学する人を増やす、グローバル人材を増やすなどという現在議論されている施策がバカらしくなるほどの割合だ。

内向きの国内志向でいるときに、国が発展することはまずない。海外との交流、貿易がなければ、国は栄えない。鎖国して、太平の世を３００年守った江戸時代を評価する人もいるが、江戸時代は歴史上、成人男子の身長が一番低かったことが知られている。栄養状態が悪かったからである。作物が不作でも食料を海外から調達できないので、飢饉でたくさんの人が亡くなった。

これでも、内向きの江戸時代を評価できるだろうか。ただ権力者がリスクを取りたくなかっただけ、自分の治世をできるだけ長引かせたかったというだけである。

これは企業にも当てはまる。社内の出世のことだけ考え、リスクを取らず、ミスしない人が幹部に上りつめるような会社は、今後労働マーケットが許さなくなるだろう。いま、各企業で人手不足が起こっているのは、その予兆である。結局、企業や産業はマーケットでしか変えられない。いままでは、マーケットといえば金融マーケットを指していた。でも、これからの企業を動かすのは労働マーケットだ。

非正規雇用や転職が増えると、景気が良くなる局面では自発的に職を変える人が増える。人が採れない企業というのは、優秀な人を集めるだけの給料が払えないか、事業自体に魅力がないという問題を抱えている。結局、給料を上げるための利益を出すにも、他者と差別化された高付加価値の商品・サービスが必要となる。企業もローマ型でリスクを取る方向に転換しないと生き残っていけないのだ。

自分の時間で、印象派の絵を描いていく

それでは今後、時間資本主義社会でどういう時間の使い方をしていけばいいのか、どんな生き方をしていくと幸せになれるのか。私の結論を述べたい。

私が提唱するのは、ワークライフ「ブレンド」だ。第3部で述べた「公私混同」の英訳と考えてもいい。よく言われるのは「ワークライフバランス」だが、2つのものを天秤にかけてバランスをとっても意味がない。ワークライフバランスはオンとオフ、どちらかを切り替えるという発想である。「ここまでは仕事の時間」「ここからはプライベートの時間」と境目をしっかりさせるのがワークライフバランスだった。

それは第二次産業的な発想だとも言える。労働の場所が固定化されている場合に適用されるものだ。でもいまは、会社はもちろん、家でも、カフェでも、道を歩いているときにも、すきま時間に仕事をすることができる。いつからが仕事の時間かなんて線引きはできない。ワークとライフは、渾然一体となり、程よく混ぜていくことが必要になるのだ。そのブレンドの配合は、毎日変わっていく。

私の頭には、マネやモネ、ルノアールなどの印象派の絵のように、さまざまな色の

時間が粒になって配置されているようなイメージがある。印象派の絵画は、画壇に登場した当初は、細部が無視され、デッサンが欠如し、構図が軽視されていると酷評された。しかし、その代わりに、全体のやわらかな雰囲気、いきいきとした筆のタッチ、大胆で臨場感のある構図はそれまでの絵画にはないものだった。

モネの「積みわら」の明るい部分には、茶色いわらには用いないだろう、ピンクや水色といったカラフルで優しい色が使われている。それを見た当時のある画家は、色彩の奔流に圧倒されて、最初は何が描いてあるかわからなかったと書いた。

近くで見ると、さまざまな色が混ざって何かわからないが、俯瞰するとひとつの美しい絵になっている。これが、まさにワークライフブレンドを体現した人生なのだと思う。クリエイティブな時間、事務作業の時間、消費の時間、趣味の時間、食事の時間、睡眠時間……さまざまな色の時間が、少しずつ塗られていく。そうして、1時間、1日、1ヵ月、1年、一生と、少しずつ大きな絵を描いていけばいい。

外部的な要因で受動的に塗られてしまった部分は、きれいな絵にならない。負の時間が多くては、きれいな色が出ない。

自由意思で、こういう人生を生きたいという欲求から、自分の時間を作っていくことで、その人にしか描けない絵ができあがるのだ。

＊12 東京商工リサーチ『上場企業２３１８社の平均年齢調査』
http://www.tsr-net.co.jp/news/analysis/20130909_01.html

第４部まとめ

・ソーシャルメディアと携帯情報端末による「拡張現実」が時間価値をさらに高める。
・適時に機会をとらえる必要性から職住近接と東京への一極集中が加速する。
・効率化にとらわれず、自分なりの時間快適化を目指すことが幸福につながる。

結局のところ、時間資本主義とはいかなる時代なのか

以上、見てきたように、時間資本主義は、多面的な特徴を保有した社会の到来であるが、突き詰めると、一体どのような時代が到来するということなのだろうか。

1　生産性向上のための分業がメッシュ状に極細分化される

供給側の枠組みでとらえると、アダム・スミスが提唱した生産性向上のための分業が、非常に細かなメッシュ（網の目）で細分化される時代が到来すると言える。アダム・スミスは、分業が社会の効率を高めると説いた。分業とは、乱暴に言ってしまえば、「時間」と「空間」の交換であり、本書のテーマそのものである。

労働者は、自らの1日のうちのかなりの部分の「時間」を、工場所有者や資本家に販売することで、賃金と「時間」の交換を行う。そして、工場所有者や資本家は分業

が可能な設備を保有した工場など「空間」を提供して労働者の「時間」と交換を行う。ただし、アダム・スミスが想起していた「時間」と「空間」の交換は、数時間という大きな「かたまり時間」と設備を保有する「かたまり空間」という「かたまり」同士の交換だった。

しかし、スマホの発達により、従来は無視されていた「すきま」の活用が始まった。細かい「すきま時間」や、拡張現実としての「すきま空間」が、直接的にあるいは特定の機関を通じて間接的に売買・交換されるようになり、「すきま時間」や「すきま空間」に価値が付与されるようになった。これはロングテールに位置する時間や空間の活用であるし、結果としてアダム・スミスが想定していなかった分業のロングテールが、実際の経済活動としてこの世に出現したことでもある。

2 プライベートとパブリックを巧みに使い分ける人ほどチャンスをつかむ

スマホという携帯可能な情報通信端末が登場する前は、前述したような労働者と資本家の時間や空間の交換は、「かたまり」で行われていた。労働者側からの言い方をすると、従来は、「いってきます」と家族に挨拶して家を出たところで、プライベートの帽子を脱ぎ、パブリックな仕事の帽子をかぶったのだ。そして、昼休みなど一部の時間を除き、朝から夕方までその労働者はパブリックな帽子をかぶり続けた。帰宅して初めて、パブリックな仕事の帽子を脱ぎ、プライベートの帽子をかぶっていた。言わずもがなだが、労働者のまわりの現実には拡張現実はなく、家の空間は私の空間であり、会社の空間は公の空間だった。PCが導入された後も、「PCがある場所」という固定空間においてのみ人間はパブリックとプライベートの帽子の着脱が可能であり、PC画面を見つめることで脳内に投影できる仮想現実も「PCがある場所」という固定化された場所においてのみの存在だった。

しかし、スマホなどの情報通信端末を常に携帯することで、様相ががらりと変わる。朝起きて寝ぼけ眼で食パンをかじっているときも、テーブルに置いたスマホに仕事のメールが来れば、一瞬にして家にいてもプライベートの帽子を脱いでパブリックの帽子をかぶる。必死に仕事のメールを打ち返していれば、家のダイニングという空間にいてもオフィスの雰囲気が拡張現実として脳を刺激する。

逆もまた然りである。オフィスで取引先の業績を分析している瞬間にも、一緒に住むパートナーから「今日は長女の1歳の誕生日だから、お祝いのケーキを買って帰ってきてね」というメールが来れば、上司やまわりにはわからないようにパブリックの帽子をするりと脱ぎ、プライベートの帽子を静かにかぶる。そして、オフィスのPC

に向かいつつも、暖かいダイニングと自分が買って帰るケーキを思い浮かべて、脳内に拡張現実が滑り込んでくる。

このように時間資本主義の世界では、プライベートの帽子とパブリックの帽子を自らの自由意思で瞬時に着脱して、それに伴い自分のまわりの空間をも自由意思で変更して、自らの生産性や時間消費の満足度を引き上げることになる。しかも、スマホなどを常に持ち歩くことで、帽子の着脱時間も着脱空間も自由化される。

ただし、ここで「自由意思で」と記述したが、変更できる自由度は人によって大きく異なる。

クリエイティビティが高く生産性が高い人は、公私混同をどんどん進めていくことで、自らの生産性や時間消費の満足度を引き上げていくこととなる。そして、彼ら彼女らをサポートする1次レイヤーが存在し、1次レイヤーをサポートする2次レイヤー、2次レイヤーをサポートする3次レイヤーと、徐々に新しい秩序が形成されることになる。

この新しい秩序とは、事務作業の効率性が高い伝統的なエリートを頂点としたそれではなく、クリエイティビティや力仕事など、多様な重要な能力との相対比較の中で決まってくることとなり、マインドセットの変更が必須となってくる。伝統的エリートにとっては新しい競争環境が生まれることが厳しい部分もあるが、他の価値観を認めることでマインドセットは随分と変わってくるのではないかと思われる。

3　新しいビジネスは、時間価値という観点から生まれる

スマホで「すきま時間」を価値あるものに変えることができるようになった消費者を前提とすれば、企業側には多くの新たなビジネスチャンスが生まれる。「すきま時間」にさえ価値を付与できるようになった消費者は、従来以上に加速度的に時間価値を意識した消費行動を取るようになるだろう。時間にかかわりの多い移動や交通に関するビジネスは特に、新しい消費者の価値を創造するようなサービスを始める必要がある。消費者の時間価値を高めるには、「時間の効率化」と「時間の快適化」という2つの方向性を通じて、「節約時間価値」と「創造時間価値」という2種類の時間価値を提供することが今後の中心となる。

こうした時間価値の提供には、時間そのものと同時に、空間価値の新しい提供も必要となる。「すきま時間」を有効活用するために、消費者はより群れるようになるし、空間自体もこま切れで使い始める。それらに対応した都市づくりやサービス提供が求められるし、結果としてさらに付加価値や情報を求めて人は群れて居住するよう

になる。こうした新しい空間の使い方の勃興にも、ビジネスチャンスが隠れている。

4　時間の効率化だけにとらわれるとプラスの価値が生み出せない

一方、消費者というか、生活者としての私たちはどのようなマインドセットが求められるだろうか？

時間資本主義という考え方で、一義的に目が行くのは「時間の効率化」である。しかし、たとえ「時間の効率化」を進めることで新しい「すきま時間」を生み出したとしても、その時間をさらに「時間の効率化」だけに使い続けていくことは何をもたらすのだろうか。「時間の効率化」を目的にしても、それは無味無臭で無色透明な時空を生み出すだけであり、私たちの人生に何のプラス価値も生み出せない。やはり、「時間の快適化」を追求して、「創造時間価値」を獲得することではじめて、人生の豊かさは実現できる。

そのためには、前述した西安やウィーンのような知識や経験の多様性を、自らの能力や交友関係内に常に保有し、自らがクリエイティビティを生み出せるような環境づくりをすることが大切だ。そして、「すきま時間」を使った「時間の効率化」で生み出された新たな時間を、より快適化するようにいざなう必要がある。

5　その人なりに創造時間価値を高めることが人生を色彩豊かにする

クリエイティビティは、一部の人にだけ授けられた天賦のものではない。1人ひとりの人間に、労働力も創造力も含まれているのだ。

自らに与えられた役割やポジションに内包する創造力の可能性に蓋をし、ただただ与えられた役割やポジションの時間を「効率化」の対象として見続けても、「効率化」が達成されるだけで、自分の人生を表象する絵画の彩度は上がってこない。私たちにすでに与えられている役割やポジションにこそ、ポジティブな「快適化」の可能性は眠っている。

時間資本主義の時代とは、時間価値が重要になって、表層的には「時間の効率化」が鮮明になる可能性が高まる時代でもある。しかし、この動きにだけ流されると、「時間の効率化」だけが自己目的化され、人生の絵画は空虚な黒い色で描写されることになりかねない。

だからこそ、従来以上に、あるいは必要以上に「時間の快適化」や「創造時間価値」という概念を、より強く念頭に置いた行動が求められる時代でもあるのだ。そうした行動ができるよう、私たちのまわりには多くの機会が散らばっている。

「時間の効率化」が叫ばれれば叫ばれるほど、この「時間の効率化」を相対化し、対極にある価値観としての「時間の快適化」に目を向けることで、私たちの創造性のつぼみは花開くこととなる。

あとがき

「時間価値」という補助線を使って、企業の視点、従業員の視点、消費者の視点など、さまざまな視点で近未来に起こりうる変化について述べてきた。

「時間価値」という考え方は、多くの経済主体に広く影響を与えるものであるため、さまざまな話題に言及しているがゆえに、読みにくさを感じた読者もいるかもしれない。しかし、同時に、それほどに「時間価値」という視座が、影響を与える対象が広範囲であることの証明でもある。

これまで書いてきたように、「時間価値」の高まりの背景が、スマホなど携帯可能な情報通信端末の発達やSNSなどソーシャルメディアの発達と高齢化・都市化だとすると、この動きは今後も進展していくことが予想され、結果として「時間価値」の高まりも継続していくことだろう。今後も、さまざまな経済論壇で、情報通信端末や高齢化・都市化の未来が議論されることになると思われるが、それらはとりもなおさず「時間価値」のさらなる高まりの予知と同値であり、「時間資本主義時代の到来」のファンファーレでもある。

数十年後、いや数年後振り返ってみると、本書の見通しが大きく外れて、より大きな波としての「時間資本主義」が企業のあり方や消費者の行動パターンを変革させているかもしれない。場合によっては、あまりにも実際の変動が急激で大きいため、私なりに多少思い切って事例を挿入したにもかかわらず、見通しがあまりにも過去に引きずられて保守的であるという烙印を将来的に押されるかもしれない。

そもそも、私を含め、現在の多くのビジネスパーソンにとって、スマホは「生まれて気づいたらすでにあった」という機器ではない。ある程度物心ついてから与えられた新しい機器であり、十分にその可能性を表出できているとは言えまい。むしろ、現在の10代の若者こそが、スマホは「生まれて気づいたらすでにあった」ものであり、彼ら彼女らが社会人として「時間資本主義」に包摂されてからのほうが、「時間資本主義」が社会に与えるインパクトは大きくなるのかもしれない。

本書の書き出しで、21世紀に入って最初の年に生まれた赤ん坊が現在は中学生と記した。実は私の大切なひとり娘も2001年生まれで、現在中学生である。スマホが「生まれて気づいたらすでにあった」彼女や彼女の友人が社会人になるかならないときに、本書の感想を聞いてみたいと内心考えているし、そのときの社会の在り様が現在からどのように変化しているのか、いまから大変楽しみにしている。

本書の始まりは、瓢簞から駒のような形でスタートした。

2013年年末に弊社社員と雑談している際に、すすぎが早い洗剤の話が偶然に出て、それを契機に「時間価値」という観点で現在の経済活動を見つめ直すと、いろいろ合点がいくことが多く感じられた。そこで、私が以前『百貨店が復活する日』や『問屋と商社が復活する日』を出版する際にお世話になった日経BP社編集者である柳瀬博一氏に連絡をして「時間価値」の話をしたところ、面白いから日経ビジネスオンラインで連載にしましょうという話になった。

その後、従前からの知り合いである草思社の三田真美氏に単行本化の話を持ちかけ、三田氏の多大なお骨折りによって出版の運びとなった。また、フリーランスライターの崎谷実穂氏には、20~30代の若手社会人のスマホを使った「時間価値」の追求方法などについて、多くの具体例をご教授いただいた。

実際、本書の骨子を作る際には、柳瀬氏、三田氏、崎谷氏と私の計4名で幾度となくブレインストーミングを重ねる機会をいただいた。単純で単線的であった私の当初のアイデアが、お三方の多面的な指摘により、当初想定していなかったような膨らみを持った構想へと転換したのには、ミーティングに参加していた私自身も大いに驚愕した。やはり、アイデアを「交換」することで、クリエイティビティが生まれるのだと強く実感する瞬間であった。お三方のサポートには本当に頭が下がる思いである。

本書で紹介されるさまざまな考え方は、私が共同代表を務めているコンサルティング会社フロンティア・マネジメント株式会社において、ともに代表を務める大西正一郎氏をはじめとして多くの同僚との日々の刺激的なディスカッションのおかげで生まれたものである。私の知的鍛錬が日々可能なのも、フロンティア・マネジメント株式会社の役職員の力強い支えがあるからと心から感謝している。また、前述した日経ビジネスオンラインの連載でご登場いただいた彦エ伸治氏、合田泰政氏、糸井孝富氏、松本渉氏、沖重和俊氏、そしてクレディ・スイス証券会社の山手剛人氏の6氏はじめ、皆さんには心から御礼申し上げたい。

本書を手に取っていただいた方に、無意識的にでも「時間価値」という補助線で企業活動や消費活動を眺める瞬間を持っていただけたら、望外の喜びである。

2014年11月

松岡真宏

参考文献

『植田正治のつくりかた』植田正治著　青幻舎（2013）
『嫌われる勇気――自己啓発の源流「アドラー」の教え』岸見一郎、古賀史健著　ダイヤモンド社（2013）
『クリエイティブ資本論――新たな経済階級の台頭』リチャード・フロリダ著、井口典夫訳　ダイヤモンド社（2008）
『幸せがずっと続く12の行動習慣』ソニア・リュボミアスキー著、金井真弓訳　日本実業出版社（2012）
『自由からの逃走』エーリッヒ・フロム著、日高六郎訳　東京創元社（1965）
『選択の科学』シーナ・アイエンガー著、櫻井祐子訳　文藝春秋（2010）
『データの見えざる手――ウェアラブルセンサが明かす人間・組織・社会の法則』矢野和男著　草思社（2014）
『日本の不平等――格差社会の幻想と未来』大竹文雄著　日本経済新聞出版社（2005）
『年収は「住むところ」で決まる――雇用とイノベーションの都市経済学』エンリコ・モレッティ著、池村千秋訳　プレジデント社（2014）
『暇と退屈の倫理学』国分功一郎著　朝日出版社（2011）
『フリーエージェント社会の到来――組織に雇われない新しい働き方』ダニエル・ピンク著、池村千秋訳　ダイヤモンド社（2002）

著者略歴
松岡真宏
フロンティア・マネジメント代表取締役

東京大学経済学部卒業後、野村総合研究所やUBS証券などで流通・小売り部門の証券アナリストとして活動。UBS証券で株式調査部長に就任後、金融再生プログラムの一環として設立された産業再生機構に入社し、カネボウやダイエーの再生計画策定を担当。両社では取締役に就任し計画実行に携わる。2007年に弁護士の大西正一郎氏と共同で、フロンティア・マネジメント株式会社を設立し、共同代表に就任。2014年11月現在、国内外5拠点、従業員約150名で、経営コンサルティング、M&A助言、企業再生を軸とした経営支援を行う。著書に『小売業の最適戦略』（日本経済新聞出版社）『百貨店が復活する日』（日経BP社）『問屋と商社が復活する日』（同）『逆説の日本企業論』（ダイヤモンド社）、共著に『私的整理計画策定の実務』（商事法務）『流通業の「常識」を疑え！』（日本経済新聞出版社）、『ジャッジメントイノベーション』（ダイヤモンド社）がある。事業再生実務家協会会員。

時間資本主義の到来
あなたの時間価値はどこまで高められるか？

2014年11月25日　第1刷発行
2015年3月13日　第3刷発行

著者　松岡真宏
装幀者　坂川事務所（坂川栄治・永井亜矢子）
発行者　藤田　博
発行所　株式会社草思社
〒160-0022　東京都新宿区新宿5-3-15
電話　営業 03(4580)7676　編集 03(4580)7680
振替　00170-9-23552

本文組版　アーティザンカンパニー株式会社
本文印刷　中央精版印刷株式会社
製本所　株式会社坂田製本

ISBN978-4-7942-2088-2 Printed in Japan　検印省略
http://www.soshisha.com/